高职院校学生学情研究：基于学习参与视角的实证调查

肖 毅 著

图书在版编目（CIP）数据

高职院校学生学情研究：基于学习参与视角的实证调查/肖毅著 .—北京：知识产权出版社，2016.7

ISBN 978-7-5130-3633-7

Ⅰ.①高… Ⅱ.①肖… Ⅲ.①高等职业教育—大学生—研究 Ⅳ.①G715

中国版本图书馆 CIP 数据核字（2015）第 155944 号

内容提要

本书首次引入了美国"高职院校学生学情调查"工具，开展以高职院校学生为主体的增值评价。研究首先对国内外高校学生学情研究现状进行了分析，从哲学、教育学和心理学视角对高校学情理论进行了探究；其次，对美国高职院校学生学情调查工具开发与使用情况进行了研究，并介绍了我国调查工具开发的过程；随后，选取调查样本，以我国高职院校学生学情调查问卷为工具对学生学习参与情况进行了调查，并通过描述性分析、相关分析、回归分析等方法进行了数据分析，了解我国高等职业院校学生学情现状及存在的问题，得出相关结论；最后，针对调查中出现的问题，有针对性地就如何改进高职院校学生学习参与现状，提高人才培养质量提出有益建议和对策。

责任编辑：刘晓庆 于晓菲　　　　　责任出版：卢运霞

高职院校学生学情研究：基于学习参与视角的实证调查

GAOZHI YUANXIAO XUESHENG XUEQING YANJIU：JIYU XUEXI CANYU SHIJIAO DE SHIZHENG DIAOCHA

肖　毅　著

出版发行：知识产权出版社 有限责任公司	网　　址：http://www.ipph.cn
电　　话：010-82004826	http://www.laichushu.com
社　　址：北京市海淀区西外太平庄 55 号	邮　　编：100081
责编电话：010-82000860 转 8363	责编邮箱：yuxiaofei@cnipr.com
发行电话：010-82000860 转 8101/8029	发行传真：010-82000893/82003279
印　　刷：北京中献拓方科技发展有限公司	经　　销：各大网上书店、新华书店及相关专业书店
开　　本：720mm×960mm　1/16	印　　张：12.25
版　　次：2016 年 7 月第 1 版	印　　次：2016 年 7 月第 1 次印刷
字　　数：180 千字	定　　价：48.00 元

ISBN 978-7-5130-3633-7

出版权专有　侵权必究

如有印装质量问题，本社负责调换。

前　言

　　教育质量是高等职业教育发展的生命线，健全高等职业教育教学质量的评价体系是促进高等职业教育健康发展的重要保障。教育质量评价是一个复杂的过程，在高职教育的不同发展时期，评价目的和评价指标各有侧重。在高等职业院校迅猛发展时期，我国高等职业院校评价主要是对一所学校所拥有的教育资源与投入情况进行评价，从而使高职院校将重心更多地放在获取外部教育资源上，以达到评价标准。

　　2012年，中国共产党第十八次全国代表大会报告提出：加快发展现代职业教育，推动高等教育内涵式发展，努力办好人民满意的教育。2014年6月，国务院印发《关于加快发展现代职业教育的决定》，全面部署加快发展现代职业教育，提出提高人才培养质量，完善职业教育质量评价制度。同期，教育部、国家发展与改革委员会、财政部等六部门编制了《现代职业教育体系建设规划（2014—2020年）》，提出以学习者的职业道德、技术技能水平等为核心，建立职业教育质量评价体系；完善学校、行业、研究机构等共同参与的职业教育质量评价机制。因此，建立以学习者为中心的教育质量评价体系已成为当前我国高职教育质量评价的重点。

　　教育评价由重视教育资源投入到重视教育产出，从关注外部影响因素及教育结果向关注教育过程转变，是高等职业教育发展不同阶段的必然选择，也符合世界高等教育评价发展的潮流和趋势。20世纪末，美国面向本科生和高职院校学生分别做了以学生学习参与为核心的调查问卷，随之在国内外广泛开展了学生学情调查工作，对参与高校教学质量提升发挥了重要推动作用。2007年，清华大学教育研究院启动对美国"本科学生学情调查"问卷的研究工作，2009年，全国多所本科院校自愿参加问卷调查。随后，该调查每年在全国分层抽取本科院校施测，并建立常模，对中美本科生、国内不同高校本科生学情调查数据进行分析研究，为促进本科教学改革、提高本科生学习效果起到了积极作用。

为践行以学生为本的教育思想，形成以学习者为中心的质量评价体系，本研究引入了美国"高职院校学生学情调查"工具，开展了以高职院校学生为主体的学情调查，既是对我国高等职业教育质量评价体系的有益补充，也有助于各高职院校了解学生的学习参与及学习效果等真实情况，促进高职院校教育教学改革的深入开展及教学质量的提升。

本书是北京市教育委员会高等学校教育教学改革立项项目"高职院校学生学情现状调查与改进策略研究"的研究成果。在本书完成过程中，得到了李兰巧研究员、杨峥威等老师的极大帮助和指导，在此表示衷心的感谢；也感谢在调研过程中给予大力支持和配合的高职院校师生。此外，本书汲取了众多相关研究成果，引用了一些宝贵的资料，在此一并致谢！由于水平有限，书中难免出现纰漏，敬请各位专家、同行和读者朋友们批评指正。

肖毅
2016年7月

目　录

第一章　绪　论 ··········· 1
　一、研究背景 ··········· 1
　二、概念界定 ··········· 3
　三、研究意义 ··········· 6
　四、研究方法 ··········· 7
　五、研究思路 ··········· 7
　六、研究难点与创新 ··········· 8

第二章　高校学生学情研究概况 ··········· 9
第一节　国外高校学生学情研究的历史变迁 ··········· 9
　一、美国高校学生学情研究 ··········· 9
　二、澳大利亚高校学生学情研究 ··········· 13
　三、英国高校学生学情研究 ··········· 17

第二节　我国高校学生学情研究的历史变迁 ··········· 19
　一、全国性高校学生学情研究 ··········· 19
　二、区域性高校学生学情研究 ··········· 21

第三节　高校学生学情研究的思考 ··········· 23
　一、高校学生学情研究的特点 ··········· 23
　二、高校学生学情研究的启示 ··········· 27

第三章　高校学情理论研究 … 33

第一节　基于哲学视角的学情理论研究 … 33
　　一、主体性哲学 … 33
　　二、价值哲学 … 35
　　三、存在主义哲学 … 37

第二节　基于教育学视角的学情研究理论 … 38
　　一、学生参与理论 … 38
　　二、增值评价理论 … 41
　　三、人力资本理论 … 43

第三节　基于心理学视角的学情研究理论 … 45
　　一、建构主义理论 … 45
　　二、人本主义理论 … 47

第四章　美国高职院校学生学情调查 … 50

第一节　美国高职院校学生学情调查概述 … 50
　　一、背景分析 … 50
　　二、数据分析及运用 … 55
　　三、调查过程 … 56
　　四、调查影响 … 59

第二节　美国高职院校学生学情调查工具 … 60
　　一、调查工具标准 … 60
　　二、调查工具检验 … 66
　　三、思考与启示 … 69

第五章　我国高职院校学生学情调查工具开发 … 71

第一节　高职院校学生学情调查工具的文化适应 … 71
　　一、翻译工作 … 71
　　二、文化适应调整 … 71

  三、认知访谈 ··· 74
 第二节 高职院校学生学情调查工具检验 ······································ 75
  一、研究对象与方法 ··· 75
  二、调查工具无应答偏差检验 ·· 75
  三、调查工具信度检验 ··· 75
  四、调查工具效度检验 ··· 77
  五、调查工具开发相关经验与结论 ·· 79

第六章 高职院校学生学情现状调查与分析 ································· 81

 第一节 研究方法及过程说明 ·· 81
  一、研究对象与研究内容 ··· 81
  二、抽样方案 ·· 82
  三、调查过程 ·· 82
  四、问卷资料整理 ·· 83
 第二节 调查样本的基本信息 ·· 83
  一、学校与专业情况 ··· 83
  二、个人与家庭基本情况 ··· 85
 第三节 调查样本的学情状况 ·· 90
  一、五个维度的基本情况 ··· 90
  二、调查样本的成绩排名 ·· 107
  三、调查样本的学习参与情况 ·· 108
  四、调查样本的其他有关情况 ·· 112
 第四节 影响学习参与各维度的差异分析 ···································· 124
  一、性别与学习参与的差异分析 ··· 124
  二、年龄与学习参与的相关分析 ··· 127
  三、不同年级学生学习参与的情况分析 ····································· 130
  四、不同专业学生学习参与的情况分析 ····································· 134

五、居住地与学习参与的差异分析…………………………………… 136

六、父母学历水平对学生学习参与的影响分析……………………… 140

七、不同地区学生学习参与的情况分析……………………………… 142

八、不同性质学校学生学习参与的情况分析………………………… 146

第五节　学习参与各维度间的相关与回归分析………………………… 150

一、相关分析…………………………………………………………… 150

二、回归分析…………………………………………………………… 152

第六节　基本结论与讨论………………………………………………… 153

一、高职院校学生学情调查的基本结论……………………………… 153

二、高职院校学生学情调查中出现的问题…………………………… 158

第七章　提升高职院校人才培养质量的对策与建议 ………………… 165

一、健全政策法规制度，完善法治保障体系………………………… 165

二、加强课程体系建设，提升学业挑战程度………………………… 166

三、践行"以生为本"的教育理念，提高教育服务质效 …………… 168

四、营造良好的互动氛围，构建有效的师生合作关系……………… 169

五、提高教师双师素质，推进实践教学环节………………………… 171

六、加强学风建设，促进学生自主参与……………………………… 172

七、挖掘家庭教育潜力，形成家校教育合力………………………… 174

附　录 ……………………………………………………………………… 176

参考文献 …………………………………………………………………… 184

第一章 绪 论

一、研究背景

2014年2月,国务院总理李克强主持召开了国务院常务会议,部署了加快发展现代职业教育的思路和战略举措。2014年7月,教育部公布的教育统计数据显示,高职(专科)院校共计1327所,占普通高等学校的59%。我国高职院校进入新的发展时期,如何客观、科学地评价高职院校发展现状,提升高职院校教学水平与人才培养质量,办好人民满意的高等职业教育,已成为社会各界关注的焦点。

目前,国内主要有教育部组织开展的人才培养水平评估,以及民间第三方组织的排行榜等评价模式,其目的是通过外部评估以促进高职院校改进和提高教育教学质量。这些举措对于提升高职院校人才培养质量发挥了重要的作用,但现行评估的指标体系主要是以资源投入为主导的评价模式和标准,使学校把重心更多地放在获取外在资源,以达到评估条件与标准上,却忽视了对人才培养对象——学生的关注,忽略了高职教育的使命与宗旨是促进学生的学习、成长与发展。❶ 美国学者弗雷泽(Frazer)认为,高等教育的质量首先是指学生的发展质量,即学生在整个学习历程中所学

---

❶ 王根顺,邓红. 国际比较视野中的高等教育测量——我国高等学校教学质量评估的理性思考[J]. 高等理科教育,2003(2).

的"东西"。❶ 毕家驹指出,从学生身上看到的质量理应是最直截了当、最能说明问题的。❷ 高职院校教育质量评价必须坚持"以人为本",重视学生的"学",强调学生的主体地位,关注学习过程,以如何促进"学"来引导"教",这也符合世界高等教育发展的潮流和趋势。❸

  从国内外教育质量监控体系建设领域研究现状看,美国对学生学情的研究和应用已经较为成熟,不仅在衡量美国高等教育质量评估方面作出了贡献,它的影响力也波及了加拿大、澳大利亚等国,为国际间建立常模进行比较研究提供了平台。其研究结果广泛应用于高职院校和州教育机构的不同领域,如政府及学校决策、开展绩效评价;学生改进学习方法,提高学习质量;使家长了解各学校间的教学资源及学生的学习情况,让公众更全面地了解不同院校的特色和优势。

  我国越来越多的专家学者开始关注学生学情调查,积极开展研究和讨论。2009年,清华大学引入美国"本科生学情调查"(National Survey of student Engagement,简称 NSSE)工具,每年随机分层抽取百余所本科院校进行"中国本科生学情调查",为促进教学改革、提高本科生学习效果起到了重要作用。但已有研究没有专门开展针对高职院校学生学情的研究。因此,如何借鉴外国经验,客观考虑文化、地域差异等因素,在高职院校开展学生学情调查已成为促进我国高职院校教育教学质量提高的重要任务。

  本研究引入了美国"高职院校学生学情调查"(Community College Survey of Student Engagement,简称 CCSSE)工具,践行以"学生为本"的教育思想,形成以学习者为中心的质量评价体系,既会对我国高等职业教育质量评价体系形成有益补充,也将有助于各高职院校了解学生的学习特点、学习效果等真实情况,促进高职院校教育教学改革的深入开展,实现人才培

---

❶ 陈玉琨. 高等教育质量保障体系概论[M]. 北京:北京师范大学出版社,2004.
❷ 毕家驹. 国际高等教育质量保证的发展动向[J]. 中国高等教育评估,2006(4).
❸ 周玲,杨春梅. 国际视野下的大学生学习性投入研究[J]. 北京理工大学学报(社会科学版),2011(6).

养质量的提升。

二、概念界定

(一) 高职院校

一般认为,高职院校是实施高等职业教育的载体,以面向经济社会发展和生产,服务一线,培养高素质劳动者和技术技能人才为主要目标。其招生对象主要是普通高中毕业生或具有与高中同等学力者,基本修业年限为专科三年、本科四年,非全日制的修业年限适当延长。目前,专科教育阶段职业教育是我国高等职业教育的主体。从专业类型区分,主要分为理工、文史、艺术等。从结构上看,高职院校现在主要有五类:一是独立设置的职业技术学院或职业大学;二是独立设置的高等专科学校;三是成人高等学校;四是本科学校举办的二级职业技术学院;五是本科学校举办的成人或继续教育学院。❶ 职业技术学院是1993年以来通过"三改一补"发展起来的高等职业教育机构,目前已成为我国实施高等职业教育的主体。❷

随着我国现代职业教育体系的不断完善,高职院校的内涵也日渐拓展。2014年,国务院《关于加快发展现代职业教育的决定》指出:创新发展高等职业教育。专科高等职业院校要密切产学研合作,加强社区教育和终身学习服务。探索发展本科层次职业教育。建立以职业需求为导向、以实践能力培养为重点、以产学结合为途径的专业学位研究生培养模式。研究建立符合职业教育特点的学位制度;引导普通本科高等学校转型发展。采取试点推动、示范引领等方式,引导一批普通本科高等学校向应用技术类型高等学校转型,重点举办本科职业教育。❸

---

❶ 李兰巧. 教与学的和谐[M]. 北京:北京大学出版社,2013.
❷ 黄尧. 职业教育学——原理与应用[M]. 北京:高等教育出版社,2009.
❸ 国务院. 关于加快发展现代职业教育的决定[EB/OL]. http://www.moe.gov.cn.

由此可见，高职院校概念的内涵是动态的，随着高职教育事业的发展而不断深化。本书研究的高职院校目前定位于我国高等职业教育的主体——职业技术学院，其招生对象是普通高中毕业生和具有与高中同等学力的学生，专业类型主要分为文科类、理科类和艺术类，基本学制为三年。

（二）学情

随着对学情调查研究的日渐深入，学者们对学情概念内涵与外延的诠释不断丰富。目前对学情主要有以下几种理解：周荣政认为，学生的情况、特点即学情，它包括学生的认知水平和能力状况等。❶ 郑明江认为，学情是指学习者在某一个单位时间内或某一项学习活动中的学习状态，它包括学习兴趣、学习习惯、学习方式、学习思路、学习进程和学习效果等诸多要素。❷ 持类似观点的研究者侧重于将学情理解成教学设计的起点，了解学情更多是针对具体课程的课堂教学活动服务。

王秀平等将学情分为六个维度，即学习目的和动机、学习态度、学习焦虑、学习策略、自我评价，以及对教学的评价，并据此对北京市大学生学情进行调查。❸ 史秋衡等主要从大学生学习观、课堂体验、学习方式和学习收获四个维度编制量表，调查大学生的学习观、课堂体验、学习方式和学习收获的影响机制。❹ 清华大学罗燕等对美国"本科生学情调查"工具进行了汉化工作（NSSE-China），汉化后的调查工具主要包括学业挑战度、主动合作学习的水平、生师互动的水平、教育经验的丰富度以及校园环境的支持度五个维度❺，罗燕、史静寰等使用汉化版 NSSE-China 对清华大学等

---

❶ 周荣政. 把握学情的策略[J]. 江西教育, 2002(2).
❷ 郑明江. 构建学情理论全面关注学情[J]. 小学语文教学, 2002(5).
❸ 王秀平, 杜智敏, 马喜亭, 张春先, 傅钰, 隋仲坤. 北京市大学生学情调查报告[J]. 中国大学教学, 2008(9).
❹ 史秋衡, 郭建鹏. 我国大学生学情状态与影响机制的实证分析[J]. 教育研究, 2012(2).
❺ 罗燕, 海蒂·罗斯, 岑逾豪. 国际比较视野中的高等教育测量——NSSE-China 工具的开发：文化适应与信度、效度报告[J]. 复旦教育论坛, 2009(5).

高校本科生进行学情调查，随后全国众多本科院校使用该调查工具进行本科生学情分析。

学情包含的内容比较宽泛，是一个较为复杂的概念。笔者认为，学情研究离不开教育的三个基本要素，即受教育者、教学内容、教学手段和教学环境等教学措施。因此，本研究借鉴了美国高职院校学生学情调查中心开发的"高职院校学生学情调查"问卷，修订后形成我国"高职院校学生学情调查"问卷，主要从师生互动质量、学生学业挑战程度、学生主动合作水平、学生努力程度、教育环境支持度，以及学生学习效果、满意度等方面对高职院校学生学情进行调查研究。

（三）学生学习参与

学生学习参与（Student Engagement），也有学者译作"学生学习参与度或学生学习投入"，这一概念是由美国印第安纳大学教授乔治·库恩（Kuh）于2001年第一次明确提出的。阿斯汀（Astin）认为，大学生学习参与指的是大学生在学习活动中所投入的心理和体力的总和。[1] 库恩认为，学生学习参与是一个测量学生在有效教育活动中所付出的时间和努力程度（精力），以及高校吸引学生参与到有效教育活动中的力度的概念。[2] 柯慈（Coates）认为，学习投入的概念包含两层含义：一是关于一般意义上学生参与学习的活动，二是学校通过制定规章制度来吸引学生参与活动。[3]

此外，国内的学者也从不同的角度对大学生学习参与的内涵进行了讨论。乔晓熔认为，学习投入是学生在开始和执行学习活动时行为上投入的强度和情感上体验的质量。投入既包括行为投入，又包括情感投入。投入

---

[1] A. Astin. Achieving Education Excellence: A critical Assessment of Priorities and Practices in Higher Education[Z]. San Francisco: Jossey-Bass, 1985.

[2] G. Kuh. Assessing what really matters to student learning [J]. Change, 2001(3).

[3] Hamish Coates. Development of the Australasian Survey of Student Engagement. Higher Education, 2009(10).

可以通过开始、参与、努力、在困难或失败面前继续尝试等行为上的表现和积极的情感体验,如积极、乐观、热情、高兴、好奇、兴趣来体现,并可以在奋斗目标的行为中得到证明。❶ 苏红等人认为,学习投入是指学习者在学习过程中消耗的经费、时间和精力等资源的总称。❷

陈昌贵、牛端从学生参与式学习的角度出发,认为大学生参与式学习主要指大学生在课堂教学、科技活动和学校管理社会活动中的积极参与。❸ 赵丽敏从学生学习参与的角度出发,认为学生学习参与就是学生在教师指导下积极参与教学活动,实现学生主体建构与发展的过程。❹

本研究认同并采用库恩的观点,认为学生学习参与既是测量学生在课堂内外的有效教育活动中所付出的时间和精力的概念,也是测量高校吸引学生参与到有效教育活动中的力度的概念。其中有效的教育活动是指富有教育意义的、大力支持学生学习和个人发展的活动,主要强调学生学习的积极主动性和参加课外活动的积极性、强调投入学习中的时间、鼓励同学之间的密切合作、良好的师生互动及对教育环境的支持程度等。对学生学习参与的研究主要关注学生的参与行为、学校和教师的支持行为和学生的发展。

三、研究意义

作为一种以学生为主体的评价范式,"高职院校学生学情调查"具有一定的科学性与可行性,它的引入不仅为我国高职院校教育质量的评估提供了新视角,也对我国高等教育评估体系提供了有益补充,有助于我国高职教育质量评估研究的发展与深入,继而为提高高职教育质量提供保证。同时,我国对学生学习参与的研究和探讨尚且薄弱,对高职院校学生学习参

---

❶ 乔晓熔. 中学生数学学习自我决定及其与数学学习投入的关系[D]. 开封:河南大学,2006.
❷ 苏红,章建石,朱生玉. 教师学习投入状况及特征[J]. 教育科学研究,2007(5).
❸ 陈昌贵,牛端. 论大学生参与式学习[J]. 高教探索,2001(4).
❹ 赵丽敏. 论学生参与[J]. 中国教育学刊,2002(8).

与的研究尤为匮乏，本研究将对丰富学生学习参与理论有一定的积极作用。

从实践上看，高职院校学生学情调查研究有利于各院校发现并分析问题，有针对性地开展教育教学改革，提升教学质量；通过对回收数据统一分析，建立高职院校学生学情分析常模，将有利于院校间彼此相互借鉴，共同发展，从而促进我国高职教育快速、健康的发展。

四、研究方法

本项目采用文献研究、问卷调查与比较研究等方法。首先采用文献研究法。通过对国内外学生学习参与相关文献的综述和分析，发现已有研究的不足，提出本研究的研究设想。其次采用问卷调查法。通过抽样，采用开发的我国"高职院校学生学情调查"问卷，选取各类调查对象进行问卷调查，并对调查数据进行描述性分析、回归分析和相关分析，探究高职院校学生学情现状。三是采用比较研究法。通过对抽样调查的高职院校间学生学情调查数据进行比较研究，得出研究结论，为提出有益建议与对策提供支持。

五、研究思路

本研究首先梳理了国内外学者对学生学情的相关研究成果，概述国内外高校学生学情研究的历史变迁，对学生学情研究理论基础进行挖掘。其次，介绍美国"高职院校学生学情调查"现状，并结合我国国情对评价指标进行重新修编，分析评价指标的信度和效度形成调查问卷。同时，在我国东部、中部和西部地区抽取六所高职院校进行调查研究，分析学生学情现状及存在的问题得出相关结论，并有针对性地就如何改进高职院校学生学情现状，提高人才培养质量提出有益的建议和对策。

六、研究难点与创新

调查工具开发是后续研究的基础，引入美国"高职院校学生学情调查"工具并非对其进行简单翻译，还需根据我国高职院校发展的实际情况进行文化适应以及信效度检验，这是研究工作面临的第一个难题。同时，我国学情理论研究相对薄弱，尚未开展专门针对高职院校学生的学情调查，这些因素将对开展研究产生一定影响。

从研究创新角度看，本研究首先，专门针对高职院校引入学生学情调查工具开展研究工作。其次，以高职院校学生为对象采用增值评价法进行评价，有利于各院校了解学生各项能力的增量情况，依据数据探寻提高教学质量的策略。最后，研究结果将有利于学生改进学习方法、提高学习质量，有利于家长了解各学校间教学的资源使用及学生的学习情况，让公众更全面地了解各院校的特色和优势。

第二章 高校学生学情研究概况

第一节 国外高校学生学情研究的历史变迁

一、美国高校学生学情研究

（一）大学生就读经历调查

19世纪70年代，美国关于大学生学情的研究和调查逐渐受到重视，其中较有影响的是加州大学洛杉矶分校佩斯（Pace）教授研发的"大学生就读经历调查"（College Student Experiences Questionnaire，简称CSEQ）问卷。该问卷的调查对象为高等院校的本科生，调查内容涉及学生的基本信息、在校期间参与教育教学活动情况、对校园环境的满意度及学习收获等方面，包括大学生在学校期间各门课程的学习情况、学生对阅读及写作经验的掌握情况、学校对课外活动的重视程度及课外活动的开展情况、师生及学生之间的有效互动情况等。

部分研究者认为，"大学生就读经历调查"是美国具有代表性且使用最广泛的学生调查工具之一，自1997年以来，问卷历经四次修订。该调查得到了美国众多本科高校的认可，已有50万本科生参与问卷测试，成为美国本科生就读经历研究的重要数据库，为学校教学质量监控及教学改革提供了重要依据。周作宇等认为，"大学生就读经历调查"以建构主义学习理论与学生发展理论为基础，以学生及其在校期间与其他影响因素交互作用的感受和认知为调查内容，比较学生就读前后在知识、认知方面的变化，体现了学生在学习上的进步或发展的增量，对提高本科生的学习质量作出了贡献。❶

（二）学生满意度调查

20世纪末，美国便实施了较为广泛的学生满意度调查，斯科特·莱文（Levin）在其1997年的报告中指出，美国大约有三分之二的院校有自己的问卷工具，其余的三分之一院校使用商业性调查工具。在各种问卷中，诺埃尔-列维茨（Noel-Levitz）公司承办的"学生满意度调查"是美国调查范围最广的问卷，它分为四种版本：四年制学院版，社区学院、初级学院和技术学院版，两年制的职业院校版，加拿大院校版。以社区学院、初级学院和技术学院为代表的高职院校版为例，该问卷分为A和B两个版本，A版本指标比B版本多37条。两个版本的共同点是维度相同、调查结尾的三个总结性问题一致。调查共有11个维度，即教学效果、学术咨询和指导、对个体的关注、教学服务、招生和经济援助、安全与保卫、以学生为中心、校园氛围、优质服务、校园支持服务、对学生多元化的反应总结性问题为学校经历达到期望的程度、对教育经历的总体满意度。❷

（三）研究型大学学生就读经验调查

20世纪末，加州大学系统开始开发"研究型大学学生就读经验调查"（Student Experience in the Research University，简称SERU）问卷，调查是评估研究型大学生受教育质量的新方式，其目的是评估本科生就读经验的增

---

❶ 马佳妮，周作宇. 美国大学生课外经验研究评述[J]. 现代大学教育，2014(5).
❷ Noel-Levitz. The 2009 National Student Satisfaction and Priorities Report Community，Junior，and Technical Colleges Form A [EB/OL]. https：//www. noel levitz. com.

长情况，收集本科生就读经验信息和数据以便学校管理者开展有效的管理，并为政策制定者制定相关政策提供参考。问卷包含两个部分：一方面为学生学习时间分配、学生参与校园活动情况、校园氛围、个人规划、对专业的评价、学生学业成绩及个人发展情况、总体满意度等维度；另一方面是学生个人的基本信息，以及学生生活和发展模块、学术活动参与模块、社会活动参与模块和校园热点问题模块信息。❶

加州大学高等教育研究中心研究指出，与此前的学情评价方式不同，"研究型大学学生就读经验调查"专门针对研究型大学的特征制定，调查信息广泛，将学生作为评价主体，重视评价对象在参与教育活动中的产出，这种评价主体的转变有助于学校、公众及家长了解学生在校期间的学习情况。同时，各个学校也可以根据学校实际情况开辟专门模块进行差异化调查，从而对学校提高教学质量有很大帮助。❷

（四）全国本科生学情调查

为了深入调查学生学业质量的影响因素，1998年，美国印第安纳大学高等教育研究中心等机构在美国皮尤慈善信托基金会的资助下，共同研发了"全国本科生学情调查"（NSSE）问卷，并于2000年在全美正式施测，调查运用了增值评价法对学生学习成果进行评价，问卷包括学生的个人信息、学习结果和满意度三方面内容，个人信息包括被调查者的特征，如年龄、性别、种族、城乡背景、父母受教育程度等，与院校相联系的个人特征，如专业、年级、参加联谊会或运动队情况、住校情况等。主体部分为学习参与、学习效果和满意度，主要从学业挑战度、主动合作学习水平、生师互动水平、教育经历的丰富度、校园环境的支持度五个方面调查。通过这五个方面的调查，对本科生参与有效教育活动和学校对学生更好地从

---

❶ About CSHE[EB/OL]. http://cshe.berkeley.edu/about/index.php.
❷ Advantage Being True to the "DNA" of the Research University Experience [EB/OL]. http://cshe.berkeley.edu/research/seru/advantage.htm.

事学习活动的促进程度两个方面来评价学生的学习效果和高等院校的教育教学质量。❶

美国学者认为，认证制度是美国高等教育质量评估的主要形式。美国大学生学习评价方式有多种形式，在问卷调查中，以"全国本科生学情调查"应用最为广泛。❷ 此项调查活动自正式推行以来，其影响力逐渐增加，参与调查的学校数量逐年递增，目前已成为同类研究项目中设计最严密、资讯最丰富的一项调查，从没有其他任何一种测量能这样迅速地获得如此权威性并能提供如此丰富的信息，它对提高美国本科学生的学习质量作出了极大贡献。❸

如何评估教育教学质量一直以来被认为是一个非常棘手的问题，为此，世界各国都进行了大量的理论研究和实践探索。其中，美国开展的"全国本科生学情调查"已产生了比较大的学术影响和社会影响。它采用问卷调查的形式，将质量评估的重点从外部影响因素及教育结果转变为教育过程，并以诊断和改进教育教学工作为目标，直接面向高校本科生，调查其在校期间的教育经历体验及学习投入情况，以便帮助和促进学校提高教育质量，为我国高等教育阶段本科教育质量测量和保障提供了新的视角。❹

（五）高职院校学生学情调查

为提高高职院校学生学业质量，积极应对来自各利益相关者的问责，2001年，休斯敦、皮尤慈善信托等基金会资助在德克萨斯大学奥斯汀分校设立了高职院校学生学情调查中心，引入"全国本科生学情调查"模式，开发了"高职院校学生学情调查"（CCSSE）问卷，指标体系也包括五项基

---

❶ NSSE Findings[EB/OL]. http://nsse.iub.edu/html/reports.cfm.
❷ Judith S. Eaton, An Overview of U. S. Accreditation[J]. The Chronicle of Higher Education, 2008(10).
❸ 罗晓燕,陈洁瑜. 以学生学习为中心的高等教育质量评估——美国NSSE"全国学生学习投入调查"解析[J]. 比较教育研究,2007(10).
❹ 蒋华林,李华等. 学习性投入调查:本科教育质量保障的新视角[J]. 高教发展与评估,2010(4).

准和三类基本信息。基本框架和"全国本科生学情调查"问卷相似，但由于评价对象不同，评价内容差异明显，该体系主要调查社区学院等高职院校学生学情。同时，他们还开发了面向高职院校教师的"高职院校学生学情调查"（教师版）（Community College Faculty Survey of Student Engagement，简称 CCFSSE）。

美国学者研究表明，2010 年，美国 47 个州、加拿大部分省、马里亚纳群岛及马绍尔群岛地区的共计 658 所高职院校、15 多万名学生参与"高职院校学生学情调查"，美国高职院校中参与过此项调查的比例达到 66%。参与"高职院校学生学情调查"的学院众多，类型多样，规模各异，样本量较大；同时，所有被调查院校都按照调查要求进行随机、分层分类抽样，从而保证了数据的真实性及分析报告的科学性，因此，各种类型的学院都可以找到自己的目标院校进行比较分析。到目前为止，除了"高职院校学生学情调查"外，美国仍没有有效的、恰当的数据对高职院校学生学情进行调查分析。[1]

二、澳大利亚高校学生学情研究

（一）教学与学习成效标准框架

20 世纪 90 年代，澳大利亚对高等教育进行了大规模的结构调整，政府对如何确保高等教育质量问题给予了更多关注，并一直致力于构建有效的高等教育质量保障体系。2011 年，澳大利亚通过《2011 年高等教育质量和标准署法案》（The Tertiary Education Quality and Standards Agency Act 2011），澳大利亚高等教育质量和标准署（Tertiary Education Quality and Standards Agency，简称 TEQSA）正式成立，相关评估标准开始起草、修订。"教学与学习成效标准"（Teaching and Learning Standards）是高等教育质量标准框架

---

[1] 李兰巧，肖毅. 美国"高职院校学生学习性参与调查"解析[J]. 职业技术教育，2011(29).

中五个方面内容之一,教学标准属于"过程"标准,它规定了课程设计、教师教学水平、教学设施及对学生学习支持度等内容;学习标准是"结果"标准,它规定了学生在各阶段必须掌握的知识、技能及达到的程度等。标准阐明了TEQSA应如何应用这些标准及将采用的评估方法。标准实施后,每隔七年,当高等教育机构提出再注册时,TEQSA就会将根据这些标准对其进行再评估,以便审查高等教育机构当前的教育质量,确保其达到最低标准。但评估结果仅作为能否注册的依据,因此不会公布其最终评估分数。这样,联邦政府通过上述标准,要求所有高等教育机构确保达到最低门槛标准,达成政府对高等教育整体教学品质规范提升的诉求;高等教育机构能展现教学水平,明确自身的优势与不足;学生、家长、雇主等相关利益群体能通过公开的评估结果信息作出更准确、明智的选择;TEQSA则能更准确地了解全国高等教育教学质量状况,更好地履行监管、保障职能,以优异的教学品质应对竞争日益激烈的全球高等教育市场。同时,评估框架依据《2011年高等教育质量和标准署法案》提出了高等教育机构风险管理的三大原则,其中必要性原则强调,评估指标以必要性、科学性和合理性为原则,以学生学习为中心,不能过度干预,避免影响高等教育机构教学和学术自由。

  部分研究者认为,澳大利亚2011年高教改革,政府根据国内外学生对高等教育机构的需求与爱好实现资源的优化配置,借此建立一项更加强大的公共问责制度。为了更加科学、全面、客观和公开透明地评估各高等教育机构,改革新增了教学与学习成效标准、信息标准及学术研究标准等内容。在开展评估过程中,TEQSA不仅评估参评单位自身制订的目标及任务的完成情况,还要考察其在全国一致的最低标准指标上的达成情况,从而客观公正地反映参评单位的工作绩效,并提供评估结果,为政府优化资源配置提供科学的参考依据。[1]

---

[1] 肖毅. 澳大利亚高等教育质量保障体系改革新动向探究[J]. 外国教育研究,2013(4).

(二) 课程体验问卷

20 世纪末,澳大利亚毕业生就业委员会开始将英国"课程体验问卷"(Course Experience Questionnaire,简称 CEQ)引入使用中。该调查最初包含六个维度,即优质的教学、明确的目标和水平、适当的评价、适当的学习量、一般技能和整体满意度。经过一段时间的实施,在原有的基础上增加了学生援助、学习资源、学习共同体、毕业生质量和学习动机五项指标。联邦教育、科学与培训部搜集该问卷的数据并以此作为本科教学质量的重要绩效指标,该问卷的统计数据每年公布一次,以便各高校相互间进行比较并为学生比较大学课程和教学质量提供依据。

澳大利亚的课程体验调查已经成为一个重要的工具,学者和管理界对此非常关注,而政府和高校借此以保证高等教育的质量。有研究人员认为,澳大利亚学生评教工具——学生课程体验调查的指标体系大大打破了教室这一传统的教学场域界限,从一个全面综合的视角去把握学生在教室内外所经历的各种学习经验。[1]

(三) 学生学业成效调查

1995 年,澳大利亚启动"毕业生去向调查"(Graduate Destination Survey)工作,之后演变成澳大利亚"学生学业成效调查"(Student Outcomes Survey),并从 1997 年以后由国家职业教育研究中心(National Centre for Vocational Education Research,简称 NCVER)负责管理,调查工作每年开展一次。随后,调查经费由澳大利亚教育、就业和劳资关系部(Department of Education, Employment and Workplace Relations,简称 DEEWR)支出,并由第三方研究公司——社会研究中心代表国家职业教育研究中心运营。在学生学业成效调查开展时期,调查规模不断扩大。教育、就业和劳资关系部

---

[1] 邵娟. 中澳学生评教比较研究[J]. 大学·研究与评价,2009(1).

和州培训管理部门提供调查需要的学生基本信息。国家职业教育研究中心根据基本信息从3月份开始抽选学生样本；5月的最后一个周五开始全面的调查；完成全部调查后，10月份进行问卷核查和数据分析；12月初公布调查结果。2004年后的调查量表核心指标有22个，涉及五个维度，即好的教学、评价、一般技能、学习经历、整体满意度。其中教学维度分为教师的知识丰富、学生有提问的机会、教师要求严格、教师了解学生的学习需求、教师能够有效传授学科内容等六个方面；评价维度包括学生了解被评价的方式、评价方式公正、评价时间合理、评价反馈意见能够帮助对学生等五项指标；一般技能维度包括学生具有解决问题的能力、分析问题的能力、团队合作的工作能力、书面交流的技能、制订工作计划的技能，以及自信地应对陌生问题的能力六项指标；学习经历维度有对学习能力更加自信、获得自己想要学会的技能、更加确信达成自己的目标、使自己了解到一生中的更多机会四项指标；整体满意度即对培训质量的总体评价，被调查者根据对题项的认同程度进行评价。学生调查的数据由社会研究中心采集，政策与规划小组分析，国家职业教育中心负责整理成报告提交给教育、就业和劳资关系部。信息采集方式以邮寄为主。收到邮件的学生可以在答题后免费寄回问卷，或者选择根据信中提供的链接方式登录国家职业教育研究中心网站接受调查。❶

（四）毕业生技能评估

毕业生技能评估（Graduate Skill Assessment，简称GSA）由澳大利亚教育研究委员会（Australian Council for Educational Research）发起，并于2000年开始实施。该评估主要对高校学生在入学和毕业时的基本技能进行考核，评估考察的主要能力涉及批判性思维能力、问题解决能力、人际理解能力、

---

❶ NCVER. The Student Outcomes Survey—Frequently asked questions about the survey [EB/OL]. http://www.ncver.edu.au/sos/faq.html.

写作交流能力四个方面。高校可通过该评估对不同专业学生总体能力情况进行比较分析,其中特别关注学生在入学和毕业时各项能力的变化趋势。❶

三、英国高校学生学情研究

(一) 课程体验问卷

20世纪70年代,英国开始对学生学习方式的研究,关注学生学习质量与学生对教学感知的紧密联系。20世纪80年代,英国开始对学生的学习范式进行研究,开发了"课程体验问卷"(Course Experience Questionnaire,简称CEQ),随后在实施过程中增加了对总体技能(generic skills)的调查。随着人们对于高等教育的担忧程度不断增加,调查指标逐步调整,主要包括两方面内容:一方面,从学术环境、课堂教学、技能发展、评价、作业量、目标与标准等方面来收集教学方面的信息,并要求学生从总体上来评价所学的课程,提出课程改进的意见;另一方面,主要衡量学生利用学校、院系提供的各项教学服务的情况,并对服务质量进行评价。❷

(二) 学生晴雨表调查

20世纪90年代,为了了解学生对学习、学校支持与生活的看法,使内部保障体系更趋正式与透明,除了参加全国学生调查之外,牛津大学还使用"学生晴雨表调查"(Student Barometer Survey),对学生学习参与质量进行评价。该调查主要面向牛津大学非毕业生,调查内容涉及学生学习的完整经历,包括学校申请、教学的支持及学院和部门的一些特定问题,一般在每学期第6周至第9周开始将问卷发至每位学生的邮箱。该调查是学校及

---

❶ Department of Education, Training and Youth Affairs. The Australian Higher Education Quality Assurance Framework [EB/OL]. http://www.ncver.edu.au/sos/faq.html.

❷ Craig Mclnnis, Patrick Griffin, Richard James, Hamish Coates. Development of the Course Experience Questionnaire[J]. Department education, Training and Youth Affairs, 2001(1).

学院了解学生对教学质量、对学校的优势及不足反馈的重要工具，调查结果都会在牛津大学的网站上予以公布。❶

（三）全国学生学情调查

英国大学较早就开始关注学生的满意度调查，1999年，利莫瑞克大学在英国首次开展了校内全面的学生满意度调查工作。随后，英国的许多教育机构开始启动大学生满意度调查，涉及院校逐渐增多，日渐受到英国各高校、教育界甚至政府的重视。2005年，英国政府开始组织"全国学生学情调查"（National Student Survey，简称NSS）。调查受英格兰高等教育拨款委员会（The Higher Education Funding Council for England，简称HEFCE）委托，由威尔士高等教育拨款委员会负责，就业和学习部等其他机构提供资金支持，并受英国全国学生会的协助，调查的管理工作由市场研究机构益普索—莫里（Ipsos-MORI）调查公司负责。调查的主要目的是了解学生对大学各方面的看法及对各种预期的满意程度，并以此作为改善学校与学生之间的关系、促进学校发展、指导新生选择学校的一个重要手段。该调查主要包括七个维度，即课程教学维度、评估与反馈维度、学业支持维度、组织与管理维度、学习资源维度、个人发展维度以及总体满意度维度等。为方便学生评价，全国学生调查以网站问卷系统调查和邮寄调查（信函调查）为主，同时通过电子邮件和电话督促学生参与调查，这不仅极大地提高了调查的效率和质量，而且还能够节约资金。❷

---

❶ 朱国辉,谢安邦. 英国高校内部教育质量保障体系的发展、特征及启示[J]. 教师教育研究，2011(2).

❷ HEFCE. National Student Survey：Findings and Trends 2006 to 2009[EB/OL]. 2010-10-05. http://www.hefce.ac.uk/pubs/hefce/2010/10_18/10_18.pdf.

第二节　我国高校学生学情研究的历史变迁

一、全国性高校学生学情研究

（一）全国本科生学情调查

2007年，清华大学教育研究院史静寰、罗燕等开始了对美国"全国本科生学情调查"问卷的研究工作，通过翻译、文化适应，并经过信效度检验，开发了"中国本科生学情调查"工具——NSSE-China。[1] 2009年，全国23所"985"院校、"211"院校、地方本科院校和自愿参加调查研究，通过完全随机抽样的方式对24252名本科生样本数据进行研究。[2] 随后，课题组在全国每年随机分层抽取本科院校进行调查，并建立常模，对中国及美国顶尖研究型大学本科生学情、国内不同高校本科生调查数据进行分析研究。上海、江苏、重庆、福建、广西、云南等地也纷纷立项使用NSSE-China工具开展本科生学情研究。2009年以来，史静寰、王纾等发表多篇本科教育学情调查报告，影响较大。王玫等对本科教育学情调查报告进行了再研究，进一步分析了生师互动的内涵、特点和我国的现状及存在的问题，并提出了几种提高生师互动的创新模式。[3] 2014年，文雯、史静寰等基于清华大学已经进行了五年的"中国大学生学习与发展追踪研究"的实证数据，借助大学生发展理论，重点对大四学生的学习发展特征和规律进行了深入

---

[1] 罗燕,海蒂·罗斯等.国际比较视野中的高等教育测量——NSSE-China工具的开发:文化适应与信度、效度报告[J].复旦教育论坛,2009(5).
[2] 史静寰,涂冬波,王纾,吕宗伟,谢梦,赵琳.基于学习过程的本科教育学情调查报告2009[J].清华大学教育研究,2011(8).
[3] 王玫,岳峰,仇洪冰.生师互动是提升高校人才培养质量的关键的思考[J].柳州职业技术学院学报,2010(1).

研究，试图揭示受中国社会变迁及教育改革影响、有清华教育特色的"大四现象"。❶

（二）大学生学情调查研究

2010 年，厦门大学史秋衡教授主持的国家社会科学基金国家重点课题"大学生学习情况调查研究"课题组采用整群分层抽样的方法，使用自编量表，对全国大学生学情进行调查。其目的是通过调查，了解我国不同类型高校大学生对学习的看法、对大学课堂教学环境的感知和体验、学习的方式以及学习的收获，并对比不同类型高校的差异；其目的还包括研究学习观、课堂体验、学习方式对学习收获的影响机制，并探讨这些影响在我国不同类型高校中的异同。调查的主要内容包括大学生学习观、课堂体验、学习方式和学习收获，其中学习方式又包括学习动机和学习策略两个方面。2011 年，调查组采用整群分层抽样的方法邀请全国东中西部大学生填写在线问卷，参与正式调查的学生来自全国 23 个省、直辖市和自治区的 52 所高等院校，共 92122 名大学生。❷ 课题组在之后的调查过程中，逐步完善了问卷内容，2013 年的问卷，参考借鉴了清华大学课题组的一些题目，设置了较多的维度，增加了实训、对学校各方面情况的满意度、学习参与情况、学校各方对学习重要性的重视程度、如何面对压力与挫折、校园生活体验和情况的描述、可能遇到的各种事件、关于思想政治理论课的描述、就业选择等方面。

（三）大学生满意度调查

西安交通大学项目组以澳大利亚学者威尔逊（Wilson）等人研发的"课程学习经历调查问卷"为蓝本，经过再开发确立了 27 个题目，分为五

---

❶ 文雯,史静寰,周子矜. 大四现象：一种学习方式的转型——清华大学本科教育学情调查报告 2013[J]. 清华大学教育研究,2014(3).
❷ 史秋衡,郭建鹏. 我国大学生学情状态与影响机制的实证分析[J]. 教育研究,2012(2).

个维度,即基本技能、良好的教学、适当的评价、清晰的目标和适当的负担。项目组通过此问卷对大学生感知的大学课程学习经历进行了调查,调查对象包括全国15所高校的3000余名大一学生,探讨大学生感知的课程学习经历、学习方式与其对高校教学质量满意度的关系,以此促使学生转变学习方式,提高对高校教学质量的满意度。❶

二、区域性高校学生学情研究

(一) 北京市大学生学情调查

2006年,全国高等教育科学规划课题"北京市大学生学情调查"由北京市15所高校的20余位教师历时4年完成。项目组在学习理论指导下,从学习目的和动机、学习态度、学习焦虑、学习策略、自我评价,以及学生对学校的评价六个维度开展学情调查。其中学习策略为调查的主体部分,内容包括课堂学习、在校阅读、自我监控、对环境的利用以及创新性学习等指标,并在此基础上设计了调查问卷,对北京市15所不同类型高校的4330名学生进行调查;通过对数据的统计分析,对北京市大学生总体学情的现状进行了统计推断,从中发现了一些值得重视和需要进一步研究的规律性现象。最后,根据统计分析和大量案例,项目组提出了深化高等教育教学改革和对不同大学生群体进行分层学习指导的建议;同时,项目组针对高校"教"与"学"中的热点问题——大学生的心理压力、考试作弊以及大学生视野中的高校教学改革,进行了专题研究。❷

(二) 首都高等教育质量与学生发展监测项目

受北京市教工委的委托,从2006年开始,北京大学教育学院一直承担

---

❶ 陆根书. 大学生的课程学习经历、学习方式与教学质量满意度的关系分析[J]. 西安交通大学学报,2013(3).
❷ 王秀平,杜智敏等. 北京市大学生学情调查报告[J]. 中国大学教学,2008(9).

"首都高等教育质量与学生发展监测项目"的调查研究工作，该项目始于2006年，调查研究规模由最初的6所北京市市属高校扩展到后来的80多所，覆盖了北京地区的所有高校。调查问卷包括个人信息、学生在大学期间的学习情况以及社会情感参与程度，对校园环境的感受及满意度，在校期间学业成绩、认知的发展程度等方面内容，涉及学生与教师、辅导员及同学间的互动，学生参与课堂学习、课外学习、跨专业学习、课余活动情况，学生的认知思维能力、组织表达能力及道德价值观等问题。项目结合首都高校学生事务管理特征，通过研发中国高校学生发展的本土化测量工具与长期持续的数据积累，为提升高等教育研究水平打下了有效基础；通过建立高校教学评估和学生发展监测体系，推进了高校学生事务工作和研究的提升与完善。❶ 部分研究者对"首都高校学生发展状况调查"项目的数据进行了再研究，刘强等对2010年"首都高校学生发展状况调查"相关数据进行了分析，探究了学生创新能力现状及影响因素等问题。❷

（三）高等农林院校学习状况调查

由刘佳、苏喜友等老师组建的北京林业大学课题组在2010年1月—8月采用随机抽样调查的方式，对北京林业大学等4所高等农林院校数10个专业1—4年级的5599名在校本科生进行了有关学习状况的问卷调查，问卷内容主要包括学习目的和动机、学习目标和态度、学习兴趣和品质、学习策略和方法、学习观念、对学习效果和教学工作的评价等方面。问卷的题目类型有单选、多选和开放性选题。❸

---

❶ 文东茅,闵凤桥,鲍威.首都高等教育质量调查报告[C]//北京:北京市高等教育学会2007年学术年会论文集(上册),2008.

❷ 刘强.学生创新能力现状及影响因素研究——基于2010年"首都高校学生发展状况调查"相关数据的分析[J].教育理论与实践,2012(1).

❸ 刘佳,苏喜友,陈亦平.构建以学生为主体的"教育与学习过程"的研究与思考——基于学生学习的视角[J].中国高教研究,2012(6).

（四）武汉高校学生学习情况调查

湖北省大学学习科学研究会组织武汉大学、武汉理工大学、华中农业大学、武汉科技大学、海军工程大学、江汉石油学院、武汉科技学院和武汉职业技术学院8所高校，对2729名大学生的学习情况进行了调查，针对大学生学习目的、动机、态度和方法上存在的主要问题进行了对比分析。❶

（五）大学课堂教学质量评估

天津职业技术师范大学项目组以澳大利亚的"大学生课程体验问卷（CEQ）"为雏形，采用整群分层随机抽样的方法，以291名大学生作为问卷调查样本，制作了"大学课堂教学质量评估学生问卷"。项目组通过对探索性因素分析确定正式问卷共25个项目，结构包括4个因子：良好的教学、学习量合理、课堂质量及课堂收获，通过调查对大学生课堂教学质量进行分析。❷

第三节 高校学生学情研究的思考

一、高校学生学情研究的特点

（一）彰显"以学生为中心"的理念

人才培养是高校的根本任务，也是高校一切工作的出发点和落脚点，因此，高校的一切工作最终都要落实到有效提高人才培养的质量上，高校

---

❶ 刘蕾．重庆市大学城本科生学情研究[D]．重庆：重庆师范大学,2014.
❷ 彭琳,王昊,刘智,罗骁,咸桂彩．基于课程体验的大学课堂教学质量评估问卷的开发[J]．天津职业技术师范大学学报,2012(9).

教育质量不仅取决于学校的办学条件、师资力量等，还有赖于学生学习参与的程度，以及师生互动的过程。要想真实地了解学生的学习情况，仅依据现有的高校外部质量评估体系是不够的，必须从学生自身的学习经验入手，以学生为主体，了解学生的学习体验。从国内外高校学情研究发展情况看，各国和各类学情评价工作都日渐注重学生的主体地位，关注学生的学习经验与发展质量，关注高校为支持学生学习所提供的教学、管理、服务质量以及良好的校园环境，真正将"以生为本"作为核心评价理念。调研数据直接来源于学生自身，所有获得的信息都与学生在学校的学习经历和行为相关，它能对大学生在就读期间所获得的发展、学习的状况以及院校的保障条件和教育资源等进行比较准确、真实、客观的分析和评价。成功的学习者是主动的、有目标导向的，具有学习责任心的。通过学情调查工作，加强信息反馈，能更好地强化学生学习主体意识，使其自觉承担学习责任，让学生更好地意识到自己是学习的主体，积极主动地将时间与精力投入学习中，对自己的学习结果承担责任；也能更好地保障学生的学习自由权，支持学生参加多样化的校内外教育活动，增加学习的主动性，丰富自己的校园经验，从而提高学习质量。

（二）突出资源利用和产出

政府对高等教育的投入是高校办学的必要基础条件，但仅仅关注教育经费和教学资源的投入数量而忽视投入使用绩效和资源利用情况最终会本末倒置，出现片面追求投入数量而造成投入绩效不高甚至导致资源闲置和浪费。只有根据教育教学工作需要，科学、合理地配置资源，充分利用教学资源，提高使用效果，切实提高高校学生的学业成绩和就业能力才是教育投入的真正诉求，从而实现教育投入的可持续发展。美国教育部统计数据表明，联邦政府每年向全国各类7000多所经过认证的院校投入1500亿美元学生援助经费，但由于职业教育培训项目绩效低下，参加投入项目的学生未能掌握从业所需要的专业知识和职业技能，毕业后通常从事低收入的工作，甚至无法就业。因此，近年来，各类高职院校的贷款违约率呈现持续增长的趋势，公立院校贷款学生三年内无偿还能力的达到了13%，营利性院校超过了20%，这一现象严重危及援助经费使用安全和经费投入的可持续性。❶ 纵观上述高校学情调查内容可以看出，各调查指标均将考察的焦点从资源投入转向资源利用，即不仅仅关注各类高校具体拥有多少教学资源，而是看重这些资源被应用到高校学生学习之中的情况，以及高校对学生学习支持的力度。

（三）评价主体多元

高校教育教学质量评价体系主要包括两个方面，即外部和内部评价体系，外部评价体系一方面由政府教育行政部门等主导的对高校的评估、认可、评定等；另一方面是第三方中介机构等非教育行政部门对高校的评估和认可。内部评价体系的主体当前主要是院校本身，包括学校的自我评价、对在校学生学习情况的阶段性和总结性评价等，而通过学情评价，吸纳学生参与内部质量保障体系，丰富了高校内部质量保障的主体。学生在高等教育中投入了财力、物力、时间和精力，是高校教学和生活的直接参与者，理所当然，他们有权利对高等教育教学质量发表自己的意见。当前各高校较为普遍的做法是实施学生评价、学生信息员监督工作，让学生对教师的教学工作进行评价、反馈，以便促进教师提高教学质量。但这些做法缺乏让学生在教学内容、师生互动质量、学习参与及校园环境支持程度等方面全面系统地发表自己的看法，发出自己的声音。通过高校学生学情调查，可了解学生对教育质量的看法和满意度，并将学生纳入高校内部质量保障体系。这一方面较好地体现和满足了学生作为高等教育利益相关者、直接参与者的主体地位和要求；另一方面，将学生作为质量保障的主体纳入高校

---

❶ Obama Administration Announces Final Rules to Protect Students from Poor-Performing Career College Programs[EB/OL]. http://www.ed.gov/,2014-11-06.

内部质量保障体系，通过了解学生的学习经验和发展状况来完善学校的课程设置、教学环节以及人才培养模式等，从客观上丰富和完善了高校内部质量保障体系，有益于促进教育教学改革。

（四）搭建多维沟通平台

高校学情调查不仅仅是一项学生需求、学习环境及满意度的调查，同时也为政府与高校、高校间、高校内部及高校与各相关利益者之间的沟通搭建了多维的平台。通过建立大学生年度学情调查机制，对大学生每年进行学情调查，首先可以对政府在教育上的决策有一定影响，使政府了解教育投入的绩效，敦促教育资源的合理配置。英国全国学生调查就为国家和高等教育机构提供了一个从学生满意的角度系统地观测教育服务质量的途径，促进英国高等教育市场化有效运转。其次，有利于高校间的比较。通过对调查结果的比较，不仅可以分析出全国各高校学生学情，进而为院校发展提供参照，调整院校定位、规划和发展战略，也可以帮助各高校发现异同，相互借鉴，取长补短。最后，有利于高校自我反省。高校通过分析学生每年学情状况，发现新的改进领域，满足学生成长的期望，也可以分析各院校内部学院或专业的学生满意度情况及学院或专业的优势与不足，进而查找其中的问题，更有效地加以改进和提高。同时，通过调查资料公开，使各相关利益群体和公众对高校学生学情及高校运行情况有一个比较清楚的了解，从学生角度看，学生愿望的表达能满足他们需要沟通和理解的诉求，充分地让他们行使了自身权力；也能较好地保持高校与社会的良好沟通与协调，便于相互之间的信任和理解，为高校发展创建更为和谐的外部环境。

（五）重视过程性评价

终结性评价是以总结一个经历较长阶段并告一段落的教育教学活动而

进行的一种评价❶，它注重教育活动的结果而不关注教育活动的过程，它一般依据明确，结论性强，但反映不出教育过程的实际情况，看不出评价对象纵向发展变化的轨迹；它容易使评价对象追求终结成绩而忽视过程中的提高。随着时代的发展和教育的不断推进，这种静态的、终结性的评价已经不能满足教育发展的需求。而过程性评价是面向未来的，它不仅重视学生当前的学习成绩和表现，而且更重视学生的成长和可持续发展。❷ 因为结果来自于过程，没有过程就没有结果，没有好的过程，就没有好的结果；结果是无法控制的，也是无法改善的，只有过程是可以控制的，过程控制好了才会有好的结果。基于学生发展的学情调查正是以学生日常学习、生活为切入点，通过系统分析调查数据，了解学生学习过程中各相关因素情况，提出诊断意见和改进措施，帮助高校聚焦于提高学生学习效率，改进教学方式，优化资源配置，增加促进学生深度学习的活动，在教育教学过程提升管理和监控效果，从而提高学生学业成就。

二、高校学生学情研究的启示

（一）有利于促进学生全面发展

高等职业教育的人才培养目标是面向社会发展和生产服务管理一线，培养高素质的劳动者和技术技能人才。高职院校是高等教育的重要组成部分，不同于普通的职业技能培训机构，它不仅要培养学生精湛的职业实践技能，还要培养学生良好的文化素质，促进大学生的全面发展，而"以学生为本"是促进高职院校学生全面发展的着力点。当前，高职院校一般将学生评教作为体现"以学生为本"，让学生参与教学质量保障体系的一项根本制度，但实际上，学生评教往往成了学生代人评教，很多学校从形式到

---

❶ 顾明远. 教育大辞典[M]. 上海：上海教育出版社，1998：2160.
❷ 肖毅，高军. 当代美国教师评价标准探微[J]. 教育探索，2008(3).

内容都是从教师的立场出发,体现了"以教师为本"的评估导向,没有将学生放进去,没有从学生的角度来考虑,在某种意义上讲,作为评估者的学生是置身事外的。❶而高职院校学生学情调查从内容上强调以学生学习过程中涉及的五个维度为核心制订评价指标,从参与度、支持度、满意度等多视角、全方面了解学生学情现状,并通过随机抽样吸纳学生参与调研的方法让学生直接参与调研、访谈活动,成为调查活动的主体,自由发表自己的心声,从"代言人"变为"发言人"。角色的变化带来了评价主体、评价声音的转变,使信息渠道更加畅通,让学生发出独立的声音。调查发现,有近90%的学生认为,学校提供的学习指导、职业规划咨询、就业指导、经济援助咨询及教学设施是比较重要或很重要的,但从学生使用学校有关服务的频率来看,有三分之一的学生很少使用或者根本就不知道有这些服务,因此,通过学生参与调查活动,普及了学习参与知识,有利于他们了解影响学业成就的相关因素,厘清促进个人发展的教育环境,更好地发挥主人翁精神和主观能动作用,协调健康发展的各方面因素,促进自身的全面发展。

(二) 有利于促进师生互动质量提升

教育者和学习者是高等职业教育的基本要素,他们之间民主平等、和谐友好的互动和交流是实现高等职业教育人才培养目标的关键。在西方高职院校发展过程中,互动交流一直是师生关系的主旋律。在古希腊时期,苏格拉底和亚里士多德就积极倡导师生间通过自由讨论、共同探究掌握真理,增强能力;"文艺复兴"时期,受人文主义思潮的影响,高职院校中学生的个别差异、天性和兴趣都得到了应有的重视,师生关系中平等互动的思想有了更大发展;工业革命以来,进步主义教育、后现代各教育思想流派都强调师生互动、交流和对话,并在高职院校教学环境设置布局、课堂

---

❶ 别敦荣,孟凡. 论学生评教及高校教学质量保障体系的改善[J]. 高等教育研究,2007(12).

教学、实训实习中均予以充分体现。但从高职院校人际关系调查现状看，调查对象与任课教师、班主任和辅导员联系较少，师生关系不尽如人意。通过对教师与学生开展讨论和沟通等活动的程度测量发现，半数以上的教师与学生、学生之间不经常交流，师生之间的互动偏少，互动质量一般。因此，在高等职业教育大发展的今天，以教育理论为先导，开展学生学情调查，敦促教育者和学习者双方充分认识互动交流的重要性并在教学活动中深入贯彻落实，提高师生互动质量，势必会促进人才培养质量的提升。❶

（三）有利于促进教育环境更加完善

马克思认为，人创造环境，同样环境也创造人。环境是围绕在个体周围并对个体自发地产生影响的外部世界，它是人的身心发展的外部客观条件。❷教育环境是高职院校在发展过程中逐渐形成的环境系统，它蕴含了学校深厚的文化底蕴和人文特色，以及与之相应的教学设施和教育服务，是影响大学生成长发展的重要因素。大学阶段不仅是一个人世界观、人生观和价值观形成的重要时期，也是高职院校学生学业成就、职业能力、职业素养形成的关键阶段，对一个人的学习和成长具有非常重要的影响，因此，构建完善、积极、和谐的高职院校教育环境必将对学生的健康成长起到重要的促进作用。综观国内外学情研究变迁历程可以发现，在社会环境的不利因素对学校教育环境提出新的挑战的当前，了解作为教育主体的学生对学习参与情况的意见和建议，将有利于高职院校完善教育环境，不断提高学生在教学服务中的参与度和满意度，促进学生学业成就的提升和身心的健康发展。

（四）有利于促进"学生数据"共享应用

美国高职院校学生学情调查是美国高职院校学生学情调查中心组织的

---

❶ 李兰巧. 教与学的和谐[M]. 北京:北京大学出版社,2013.
❷ 王道俊,王汉澜. 教育学[M]. 北京:人民教育出版社,2009.

面向美国、加拿大、马里亚纳群岛等国家和地区的学情调查项目，该项目是专门针对社区学院及职业技术学院的学生开发的。自2001年实施以来，调查影响逐渐扩大，2014年，国内外684所高职院校参与调研。每年组织调查后，学情调查中心会建立"学生数据库"，进行数据汇总、分析，发布调查分析总报告，参与调查的院校也能收到本校学情分析报告。由于参与调查的样本量较大，"学生数据库"实现了共享，各种类型的高职院校都可以找到自己的目标院校进行比较分析，有针对性地改进学校的教学工作，提高教育质量。美国的许多州使用调查数据作为全州范围的教学质量评价、绩效问责的重要手段，并作为调整教育方针政策的重要参考依据。同时，越来越多的学生和家长将分析报告作为择校时的重要依据，他们会根据学生的志趣结合目标院校的办学特色、文化传统进行择校。

我国2008年启动高等职业院校人才培养工作评估，《高等职业院校人才培养工作状态数据采集平台》是评估的重点考察内容。教育部每年定期组织高职院校开展《数据采集平台》填报工作，但绝大多数高职院校在数据提交后便将其束之高阁，也未能及时收到反馈或改进建议，出现了"平台数据政府、专家使用，而高职院校不用"的现象。《数据采集平台》变成了一年一度的填写报表，成为数据材料的简单"堆砌"，未能充分发挥数据采集平台在推动教育教学改革中的重要作用。❶而当前高职院校开展的学生评教工作也存在一定的问题，出现了评教内容凝固、评教方式呆板、评教分数失真、评教结果被滥用等问题，从而挫伤了教师的积极性，导致师生关系庸俗化，造成评教工作恶性循环等危害。❷

开展教育评价的目的是为了了解教育发展现状，厘清发展中存在的问题，在不断完善中推动人才培养质量的提升。我国高等教育评估机构应开拓思路，以学生为本，在教育评价中更多地融入学生学情调查内容，并开

---

❶ 杨应崧. 自源头开始的探索[J]. 中国高教研究,2008(8).
❷ 孙燕芳,李晓甜. 高校学生评教探微[J]. 教育探索,2015(1).

发"学生数据库",构建学情研究常模,为提高高职院校学生学习参与质量提供有效的共享数据资料。高职院校也可以将学生学情调查作为校本研究的尝试,将评价视角由重视资源投入转向向学生学习投入,对学生在师生互动、学业挑战程度、师生关系及在校满意度等方面进行评价,建立校级动态"学生数据库",通过横向、纵向比较,发现学生学习参与中存在的问题,及时改进完善,使其成为现有评价体系的有益补充。

(五) 有利于促进教育质量评价体系更健全

高等职业教育质量评价体系是确保我国高等职业教育质量的重要手段。教育部、国家发展改革委、财政部、人力资源和社会保障部等六部门于2014年编制《现代职业教育体系建设规划》提出的重点建设任务包括:完善学校、研究机构等共同参与的职业教育质量评价机制,建立职业院校内部质量评价制度,强化质量保障体系建设;积极支持各类专业组织等第三方机构开展质量评估,健全职业教育质量评价制度。美国通过构建联邦教育部、行业协会、第三方中介及校内评价多元的高等教育质量评估体系,推行以学生为核心的绩效问责理念,对促进美国高等教育健康发展起到了关键作用。2011年以来,澳大利亚通过成立高等教育质量和标准署、制订统一评估标准等一系列举措实施高等教育质量保障体系改革,致力于强化以"学生为中心、以需求为驱动"的高等教育体制改革,提升澳大利亚高等教育质量,提高澳大利亚高等教育的国际竞争力。为保证所有高等教育机构的整体教育质量,体现学生的中心地位,此次高等教育质量保障体系改革的一大亮点就是,增订了"教学与学习成效标准",其"教学与学习成效标准"规定了学生学习支持度、课程设计、教师教学水平、教学设施等内容。[1] 由此可见,以学生为中心的教育评价理念已成为近年来教育质量评价的发展趋势。自2009年清华大学引入美国本科生学情调查工具以来,在

---

[1] 肖毅.澳大利亚高等教育质量保障体系改革新动向探究[J],外国教育研究,2013(4).

全国数百所本科院校均进行了中国本科生学情调查，影响较大。这些调查不仅丰富了教育评价理论，也为促进本科院校教学改革、提高本科生学习效果起到了重要作用。而通过引入美国高职院校学生学情调查，对不同地区和性质的高职院校的不同年级、性别、专业类别的学生学情现状进行差异性分析，随着调查的深入展开，这种"以学生为本"的评价方式将会为推动高职院校教学改革，促进高职教育质量评价体系的完善发挥更大的作用。

第三章 高校学情理论研究

第一节 基于哲学视角的学情理论研究

学生的发展质量是高校教育质量的核心要素,科学、合理的学情调查不仅能对高校学生学情有客观的评价,引导学生自我调整学习行为,提升自身学业成就;更有利于促使高校遵循高等教育基本规律,优化教学资源配置,实现良性健康的发展。不同时期,受不同哲学思想的影响,形成了不同的高校教育质量评价体系,高校学情调查构建以学习者为中心的质量评价体系,关注学生的参与行为、学校和教师的支持行为,从而实现学生的发展,主要受以下哲学思想的影响。

一、主体性哲学

主体性问题是近代以来哲学的重要主题,法国哲学家笛卡儿提出了"我思故我在"的著名命题,体现了人理性思维的能动性;德国哲学家黑格尔在《逻辑学》等著作中也透彻地论述了主体性问题;马克思在对黑格尔等哲学家思想进行批判吸收的同时,提出了自己的观点。他认为,"主体是人,客体是自然。"[1] 这表明主体不会是其他非人的存在物,而是专属于人

---

[1] 马克思恩格斯全集(第46卷)[M]. 北京:人民出版社,1979.

的哲学范畴,但人并不是总是以主体形式存在,只有在与客体的关系中发挥能动的作用并取得支配地位时才能称之为主体。人是对象性的存在物,有作为客体以及集主体与客体、主动与受动于一体的情况。在阐述人在社会关系中的特性时,马克思指出,"凡是有某种关系存在的地方,这种关系都是为我而存在的;动物不对什么东西发生'关系',而且根本没有'关系'。"[1] 这体现了人在社会关系中作为主体性的为我特性,这种为我关系服从人的主体需要和切身利益,也具有超越性的特质。同时,马克思说,"动物只是按照它所属的那个种的尺度和需要来进行建造,而人却懂得按照任何一个种的尺度来进行生产,并且懂得怎样处处都把内在的尺度运用到对象上去;因此,人也按照美的规律来建造。"[2] 社会是人的社会,人是社会的人,人既是历史的创作者,也是历史的剧中人,人不仅要自觉地遵循社会法则,也在实践过程中不断地改造社会、超越社会,也正是在不断超越自我、超越社会过程中更好地实现人的主体性。

马克思关于人的主体性哲学思想的论述对于如何更好地开展高校学情研究具有重要的指导意义。首先,高校要尊重和呵护学生的主体性地位。学生是学习活动的实践者,是自己的主人,具有发挥能动作用并取得支配地位的特性,要激励学生充分发挥主体作用,积极地投入到学习中去;同时,作为学习活动的主体,学生有权利,也有责任和义务主动参与到学情评价中,对影响学业成就的各种因素进行评判,为促进自身发展创造更良好的氛围。其次,高校要优化资源配置,发展学生的主体性。人是主体与客体、主动与受动的统一体,主体性虽然是人所特有,但并非每个人时时刻刻都是以主体的形式存在着。人的主体意识的发展是一个渐进的、由自发走向自觉、自由的过程,教育的目的就是将人的主动性和创造性激发出来,高校应该在调查学情现状的基础上优化资源配置,为学生的主体意识

---

[1] 马克思恩格斯全集(第3卷)[M]. 北京:人民出版社,1960.
[2] 马克思恩格斯全集(第42卷)[M]. 北京:人民出版社,1979.

和主体能力的发展创造条件。最后,高校要针对学情现状引导学生主体性发展。"当人意识到自己的主体地位,并通过行动表现出强烈的主体性时,不一定都能得到有益于社会、群体和个人的结果。"❶ 人在发展过程中的二重性在大学生身上体现得尤为明显。教育是一种有目的、有计划地培养人的社会活动,高校应该及时了解学生学情现状,在遵循学生身心发展规律和社会发展需求的前提下,在引导学生主体性发展方面起到制约和定向的作用。同时,学生个体也应该充分地认识和肯定自身主体性的价值和意义。只有正确地认识到主体性的价值和意义,才有可能在认识和实践活动中努力发挥自身的主体性。

二、价值哲学

当代人类社会面临着一系列的重大问题,这些问题的底层蕴含一个共同的哲学问题,即价值问题。价值问题是人类生活和人类活动的核心问题。❷ 马克思主义价值哲学认为,价值是客体与主体之间的一种特定关系,价值来源于客体、取决于主体、产生于实践;价值由物质价值、精神价值和人的价值组成,物质价值的生产是人的价值形成的基础,教育是扩展人的价值的直接手段。❸ 一般认为,价值是主体需要与客体属性之间的效用关系呈现出来的质。❹ 主体需要是价值生成的基础,客体属性是价值生成的条件,客体满足主体需要是价值关系生成的实质。❺ 也有学者认为,价值是客体对主体的效应或意义,是因人而异的存在,价值的本质是客体主体化,是客体对主体的效应价值的本质在于使主体发展完善,从根本上说在于能

---

❶ 郭湛. 主体性哲学:人的存在及其意义[M]. 昆明:云南人民出版社,2002.
❷ 冯平. 重建价值哲学[J]. 哲学研究,2002(5).
❸ 李连科. 价值哲学引论[M]. 北京:商务印书馆,1999.
❹ 阮青. 价值哲学[M]. 北京:中共中央党校出版社,2004.
❺ 杨春贵. 马克思主义哲学教程[M]. 北京:中共中央党校出版社,1997.

够使社会主体发展完善，使人类社会更美好。❶ 因此，人和客体之间的价值关系，是在现实活动过程中作为主体的人与客体相互作用的实践中产生的，即在社会实践中确立的。价值与人们受一定社会历史条件所制约的需要、利益等因素密切相关。尤其是在阶级社会中，人们的价值观念受其所处的阶级地位、阶级立场的影响，不同阶级对是非曲直、善恶美丑等的判断往往有不同的评价标准。因此，价值哲学的根本使命就是站在相对公正的立场上、依据一定的价值取向对人类实践行为作出价值判断。价值取向是价值哲学的重要范畴，它是指一定主体基于自己的价值观在面对或处理各种矛盾、冲突、关系时所持的基本价值立场、价值态度以及所表现出来的基本价值倾向。价值取向具有实践品格，它的突出作用是决定、支配主体的价值选择，因而对主体自身、主体间关系、其他主体均有重大的影响。价值取向的合理化是进步人类的信念。❷

价值哲学为开展高校学情调查提供了新的视角，对分析高校价值观、质量观等问题具有重要的意义。以价值哲学来审视高等教育，当前高职院校存在人才培养模式相对陈旧、基础能力相对薄弱、层次结构不合理等问题。教育是扩展人的价值的直接手段，从根本上说要使人发展更加完善。因此，高职院校价值指向作为客体的高职院校的属性与作为主体的利益相关者需要之间的一种效用关系，这里的主体是与高职院校发生效用关系的对象，包括个体主体或群体主体，即国家、政府、社会、产业、学生及家长等，而学生是主体的核心组成部分，满足学生需要、促进学生发展是高职院校的重要价值体现，而构建以学生为中心的质量评价体系，调查学生的学习效果及满意度，根据调查结果改进当前工作，不失为促进学生全面发展的有效途径。

---

❶ 王玉樑.21世纪价值哲学:从自发到自觉[M].北京:人民出版社,2006.
❷ 价值取向.百度百科[EB/OL].http://baike.baidu.com.

三、存在主义哲学

存在主义始于克尔凯郭尔的个体哲学和叔本华、尼采的唯意志论,它的主要代表人物萨特等以胡塞尔现象学方法为基础,对存在主义作了存在论阐释和提升。人的存在是这一哲学思想的出发点,他们关注个体自身非理性的主观情绪体验,阐释了有关个体的自由、选择、责任,倡导尊重人的个性和自由。萨特指出,如果存在先于本质的话,人就要对自己是怎样的人负责。❶ 由此可见,他将人类生存的基本事实,归结为人的主观性的存在,是有主观自我意识的人,而不是指现实生活中人的客观存在;人要将自己存在的责任由自己承担起来,对自己的个性负责。奥地利存在主义哲学代表人物布贝尔撰写了《生存的对话:哲学和教育学全集》等著作,专门对教育问题进行了阐述;美国存在主义教育家尼勒将存在主义应用于教育理论,著有《存在主义与教育》《教育哲学导论》等著作。存在主义教育家认为,教育的本质和目的在于人的"自我生成"或"自我创造",教育要使学生通过"自我表现""自我肯定"意识到自我的存在,并实现"自我完成"。教育的具体目标是发展个人的意识,为自由的、合乎道德的选择奠定基础。教育者是学生自我实现的影响者,应该引导学生认识和发展"自我",帮助学生认识到生活的价值,成为一个对自己、对所有人负责任的人。❷ 学生要用自己的自由意志和自由行动来创造自身的本质,在存在中不断地超越自我,并作为一个自由的人更好地生活。

存在主义哲学思想为高校学情调查工作的开展提供了哲学依据。在高校教育教学活动中,作为有主观自我意识的学生,如果服从于外部世界,他们就会失去真正的自由空间,就会忘掉自身真正本质,自身的创造性和能动性就难以发挥。他们应该是自由选择的主体,养成自由选择的能力,

---

❶ 萨特. 存在主义是一种人道主义[M]. 上海:上海译文出版社,1988.
❷ 吴式颖. 外国教育史教程[M]. 北京:人民教育出版社,2010.

对学习、生活和自身的发展负有责任，并在自由行动和实践中创造、实现自身的价值。作为学生自我实现的影响者，代替传统的知识灌输者、问题解决者的角色，教师的任务是在学生走向自我实现的过程中帮助每一个学生个人。一个好的教师是自己作为一个自由的活动者，其影响不是暂时的，而是要延长到成年生活。❶ 教学资源、教学环境等是学生个人发展自我认识，形成自我责任感，实现自我完成的工具。工具的选择要为满足学生的需要服务，学生满意度高的工具将促进他们的成长。

第二节 基于教育学视角的学情研究理论

高校学生学情调查是植根于深厚的教育思想基础之上的，学生参与理论的兴起和传播是学情调查研究的理论前提，增值评价理论的发展为学情调查提供了方法论依据，人力资本理论的提出为学情调查研究的开展提供合法性支撑。因此，高校学生学情研究在理论上具有科学性、合理性和必然性。

一、学生参与理论

学生在大学期间获得发展最重要的影响因素是什么？越来越多的教育理论研究者赞同"参与"（engagement）一词，促进学生参与，就能促使学生成功，同时提升高校教育教学质量。早在20世纪30年代，泰勒（Tyler）就提出了"任务时间"理论。他在研究学生学习特征时发现，学生投入的学习时间与其在学习方面取得的效果成正相关关系，即学生投入学习的时间越多，其获得的收获就越大。❷ 20世纪80年代之后，美国学者对学生学习参与理论的研究日渐兴起，佩斯（Pace）在开展大量理论和实证研究的

---

❶ [美]白恩斯,白劳纳. 当代资产阶级教育哲学[M]. 瞿菊农,译. 北京:人民教育出版社,1964.
❷ [美]泰勒. 课程与教学的基本原理[M]. 罗康,张阅,译. 北京:中国轻工业出版社,2008.

基础上，提出了"努力质量"这一概念。他认为考察学生的学业成就不能仅仅关注学生投入的时间长短，还要关注学生投入活动的努力程度，即"有质量的投入时间"。在相等时间内，学生在有效的学习活动中投入的精力越多，投入质量越高，他们从中获益就会越多，学生的学业成就和他们在学习过程中的努力程度成正相关关系。❶ 丁托（Tinto）提出了"整合"的概念，整合的过程是学生个体与教师之间相互作用的过程，学生分享教师渊博的知识和丰富的经验，教师同时在教授过程中不断提升自己，通过师生之间良好的互动实现了教学相长。在此过程中，学生学习参与程度及满意程度对其学术整合和社会整合程度起关键作用。❷ 阿斯汀（Astin）总结自己长期的研究成果提出了"学生参与理论"（Student Involvement），他所指大学生的参与包括他们在学校活动中心理和体力方面投入的总和。他重视学生参与学校课内外活动以及与教职工和其他同学互动的重要性，认为学生在校期间学习参与程度与其学业成就息息相关。同时，这也是高校及各利益群体评价高校教育教学质量的重要参考因素，学校要制订政策引导学生有效参与各项活动。❸ 帕斯卡雷拉（Pascarella）提出了大学生"发展变量评定模型"，指出学生学习产出和成长有影响的五套变量，学生的知识和认知发展间接地受学校组织特征、学校环境的影响，直接地受学生背景、与教师和同伴的互动以及个人努力程度的影响。学生的成长受到这五个变量的综合影响。在这个模型中，学生的学习被假定为学生原有的背景条件（输入）、学校的环境或特征（规模、经济状况、师生比）、师生交往、学生对学校环境的理解与感知，以及学生的努力程度等方面相互作用的结果。他认为，影响学生发展的首要因素不是学校规模、结构和组织特征等

---

❶ Pace, C. D. Measuring the Quality of Student Effort[J]. Current Issues in Higher Education, 1980(2).
❷ V Tinto. Leaving College: Rethinking the Causes and Cures of Student Attrition [M]. Chicago: University of Chicago Press, 1987.
❸ A. Astin. Achieving Education Excellence: A critical Assessment of Priorities and Practices in Higher Education[Z]. San Francisco: Jossey-Bass, 1985.

硬件指标，而是学生与高校内部环境和群体的互动以及融合程度。[1] 莎菲莱（Schaufeli）认为，学习参与是个体学习时具有充沛的精力和良好的心理韧性，认识到学习的意义，对学习充满热情，沉浸于自己的学习之中的状态。与工作投入类似的，学习参与可以归为活力、奉献和专注三个维度。[2] 英国学者弗雷泽（Frazer）认为，高等教育质量首先是指学生发展质量，即学生在整个学习过程中所学的东西，包括所知、所能做的以及他们的态度。学生在认知、技能、态度等方面的收益是衡量教学质量的核心指标。因此，应该从这几方面分析大学对学生的影响。[3] 奇克林（Chickering）认为，学生和教师的义务和行为是影响大学教育最重要的因素，因此他提出了学生和教师改善大学教育的"良好实践七原则"，即鼓励学生与教职员互动、促进同伴之间的相互合作、鼓励学生主动学习、教师及时给予反馈、强调对某项任务投入的时间、教师表达对学生有较高的期望以及尊重学生智力差异和学习方式的多样性。[4] 乔治·库恩（Kuh）在综合前人研究的基础上，结合自己多年的实践探索，提出较为完善的学生学习参与理论。他认为，学生的学习参与其实质是学生的行为与高校支持力度的相互作用的结果，它包含两个必要因素，一是学生做了什么（What students do），即学生参与有效教学活动中的时间和精力；二是高校做了什么（What institutions do），即高校在支持学生参与有效学习活动中在教育资源、教育政策、学习环境等方面投入的力度。学生参与理论的基本假设是：学生将投入有效学习活动中的时间和精力越多，那么他们在知识理解和能力提升中的收益就越大，学生的发展就好越好；高校为学生参与教育活动支持的力度越有效，学生

---

[1] T Pascarella, T Terenzini P T. How College Affects Students, Volume 2: A Third Decade of Research [M]. San Francisco: Jossey Bass Publishers, 2005.

[2] W. Schaufeli, M. Salanova. The Measurement of Engagement and Burnout: A Two Sample Confirmatory Factor Analytic Approach [J]. Journal of Happiness Studies, 2002(3).

[3] 陈玉琨,代蕊华,杨晓江等. 高等教育质量保障体系概论[M]. 北京:北京师范大学出版社,2004.

[4] W. Chickering, Linda Reisser. Education and Identity[M]. San Francisco: Jossey Bass Publishers, 1993.

参与有效活动的机会就越多，在活动中投入的时间和精力就越大，从而获得的学习效果就越好。[1]

学生参与理论研究是一个不断深入推进的过程，从最初的单方面关注学生时间投入到综合考量学生、学校、教师等多因素互动影响；从重视单纯时间的投入到强调积极、有效利用各类资源及情感体验的有质量的时间投入；从仅仅审视教育资源的投入情况到教育资源、教育政策及学习环境的多维支持力度。在研究过程中，学者们对学生参与理论的外延和内涵探究不断拓展，这些研究成果为各国开展学生学情调查研究奠定了坚实的理论基础。

二、增值评价理论

教育质量评价实践是在评价理论的指引下展开的。20世纪80年代之前，世界各国广泛采用的都是对高校教学设施、师资力量、生源情况、行政管理等为主体的投入式评价。这种方法主要提供了教学过程的输入信息，而无法展示大学投入为学生发展起到了多少"净"效应，以及学生在接受大学教育后获得了在哪些方面获得了多大程度的发展等问题。为了更好地阐释这些问题，20世纪80年代，增值评价系统研究的先行者——美国田纳西大学桑德斯（Sanders）与其同事就开始了对增值评价模式的初步研究。1984年，他们发表了一篇文章，通过使用学生连续四年的学习成绩计算出来的三次增值分评价学校和教师效能。该文章利用学生多年的成绩估计学生的学业进步，并在排除了不受学校、教师控制的变量对学生学业造成的影响之后对学校、教师效能进行较为客观的评价。1992年，田纳西州颁布了《教育促进法案》（Education Improvement Act），正式将桑德斯模型纳入教育问责体系中，并将该模型正式命名为田纳西州增值评价系统（Tennessee Value-Added Assessment System，简称TVAAS），增值评价随之被

---

[1] G. Kuh. Assessing what really matters to student learning [J]. Change, 2001(3).

大家熟知。❶ 托马斯·费希尔（Fisher）从背景、立法、合同、测试方案、增值体系等问题入手，对田纳西州增值评价方案的设计和执行及其对现有政策的意义进行了详细地描述和分析，为以后的相关研究提供了借鉴。❷ 1985 年，美国学者泰勒（Taylor）、迈克柯兰（McClain）等先后提出了增值评价法（Value added），即通过对学生在整个大学就读期间或某个阶段的学习过程、学习结果的分析，来描述学生在学习上进步或发展的增量，这个增量可看作教学质量提升的结果，也是教学质量评估的重点。❸ 阿斯汀（Astin）认为，在高等教育情境下，所谓增值是指学校教育对大学生学业成就以及毕业后的工作生活所带来的积极影响，而增值评价即是对这种影响程度的测量，真正的质量在于大学对学生认知和情感发展等的影响程度。❹ 哈维（Harvey）和格林（Green）认为，增值是对质量的"衡量"，这里的质量是指教育经历给学生的知识、能力和技能等方面所带来的促进程度。但大学教育究竟给学生增加了什么，增加了多少，这取决于评价的方法以及首先确定其中什么是有价值的。❺

综上所述，学者们对增值评价理论的阐述达成了以下共识，即"增值"是指，在一定时期内，大学教育对学生成长和发展所带来的正面的、积极的影响，是促进学生发展的价值增量，增值评价即测量这种影响的程度。大学教育过程给学生带来的增值包含了非常复杂的内容，研究者发现：虽然学生的增值难以确定，但学生的学习行为、教师的教学行为以及高校政策和实践却是相对容易把握的，而且与教学带来的增值有着非常紧密的关系，

---

❶ William Sanders, Sandra Horn. Research Findings from the Tennessee Value-Added Assessment System (TVAAS) Database: Implications for Educational Evaluation and Research[J]. Journal of Personnel Evaluation in Education, 1998(12).

❷ Thomas H. Fisher. A Review and Analysis of the TennesseeValue -Added Assessment System (part2), http://www.cgp.upenn.edu/pdf/Tvaascp2.pdf.

❸ 章建石. 增值评价法——关注学生的实际进步[J]. 评鉴（双月刊），2007(8).

❹ Alexander WA. Achieving educational excellence: A Critical Assessment of Priorties and Practices in Higher Education [M]. San Francisco: Jossey-Bass, 1985.

❺ Harvey L, Green D. Defining Quality[J]. Assessment and Evaluation in Higher Education, 1993, (18).

对这些中介变量的测量完全可以用来预测增值结果。❶ 因此，学者们主张以学生的学习行为、学习经历和教师的教学行为，以及高校在促进学生学习和学业成功方面的相关举措等为评价对象，通过这些中介变量采用一种间接的方法测量增值的结果。这种方法一般采用调查法，通过以学生自评为主的方式，研究教学资源、学习环境、教师以及同学互动等因素对学生在大学期间实际"增值"（取得发展成就）的影响。

三、人力资本理论

首先关注人力资本问题的是经济学主要创立者亚当·斯密（Adam Smith），在《国民财富的性质和原因的研究》中，他将资本划分为固定资本和流动资本，认为接受教育需要费用并培养才能，这种资本很多已经固定在学习者身上，这些才能对于个人来说自然是财富的一部分，令其终生受益。舒尔茨（W. Schults）认为，人力是社会进步的决定性要素，一个国家人力资本存量越大，人口受教育程度越高，其国内的人均产出或劳动生产率就越高；人力资本是投资的产物，人力资本提高的关键性投资在于教育。在《人力投资》中，舒尔茨认为人力资本体现在人的身上，表现为人的知识、技能、资历、经验和熟练程度等能力和素质；人力资本是对人力的投资而形成的资本；人力资本具有创造性和增值性；对人力的投资会产生投资收益，人力资本是劳动者收入提高的最主要源泉。❷ 舒尔茨的阐述表明了人力资本在经济增长中的决定性作用，这不仅大大推动了人力资本理论的发展，也促使各国更加重视教育，推动了教育事业的快速发展。高等教育在个人层面上决定了其日后的劳动生产率，而在宏观制度层面表现为一种制度变迁的根本动力。雅各布·明塞尔（Mincer）认为，美国个人收入差别缩小的变化趋势与教育水平有密切的关系；个人收入的增长和个人收

---

❶ 章建石. 增值评价法——关注学生的实际进步[J]. 评鉴双月刊, 2007(8).
❷ [美]西奥多·舒尔茨. 人力投资[M]. 贾湛, 等, 译. 北京: 华夏出版社, 1990.

入分配差别缩小的根本原因是人们受教育水平的普遍提高，正是人力资本的投资促进了人们受教育水平的提升。❶ 加里·贝克尔（Becker）认为，人力资本是通过人力投资形成的资本。人力的投资是多方面的，其中主要包括教育支出、保健支出、劳动力国内流动支出或移民入境支出等形成人力资本。人们为自己或孩子支出的各种费用，不仅是为了现在获得效用，得到满足，同时也是出于将来的考虑，得到满足。用于满足未来需求的支出，在一般情况下，只有当预期收益的现值至少等于支出的现值时，人们才愿意作出这种支出，这种支出就是人们为了未来满足而作的投资。一个人的收入水平因年龄的增长而增加，在同龄组的人口中，一个人的受教育程度越高，其收入水平也越高；受较高教育的孩子，未来的收益较多，给父母带来的效用或满足也较大。❷ 通过对人力资本与个人收入分配的研究，贝克尔发现，人力资本投资水平或人力资本存量水平与个人收入水平成正相关的关系。

　　人力资本理论重视人力资本的创造性和增值性，强调人力资本在社会进步中的关键作用，突出了教育在人的成长中的地位，凸显了学校教育在个人发展中的重要作用。高等教育是培养高级专门人才的专业教育，是与经济和社会发展联系最直接、最密切的教育类型。人力资源理论的兴起为高等教育发展迎来了绝好契机，各国高等教育规模快速扩大，学生数量急剧增长。为了让所有学生接受高质量的高等教育，更好地培养学生的创造能力和创新意识，加强引导，强化高等教育评价保障体系成为必然选择。同时，人力资本理论突出个人的地位，体现以人文本的理念。为了充分挖掘人力资本，将学生纳入高校评价管理体系，不仅能发挥学生的主体作用，还能完善高校多元立体评价体系，吸纳学生的意见和建议，推动高校人才培养质量的提升。

---

❶ [美]雅各布·明塞尔. 人力资本研究[M]. 张凤林, 译. 北京:中国经济出版社, 2001.
❷ [美]加里·贝克尔. 人力资本[M]. 梁小民, 译. 北京:北京大学出版社, 1987.

第三节 基于心理学视角的学情研究理论

促进大学生发展的高校学情调查是建立在对评价对象、评价主体等要素科学认识的基础之上的，心理学研究涉及人的情感、认知、行为以及人际关系等多个领域，形成了丰硕的研究成果。其中建构主义、人本主义理论与大学生发展及高校教育教学工作有密切联系，为了解大学生个体发展的心理特征，推动大学生健康发展的调查研究工作提供了心理学依据。

一、建构主义理论

建构主义起源于瑞士认知心理学家皮亚杰（Piaget），他认为，知识既非来自主体，也非来自客体，而是在主体与客体之间相互作用过程中构建起来的，是双向的建构过程；认知结构通过同化和顺应两个基本过程逐步建构起来，同化是认知结构数量的扩充，而顺应则是认知结构性质的改变，认知个体通过同化与顺应这两种形式来达到与周围环境的平衡，并在"平衡—不平衡—新的平衡"循环往复过程中不断得到丰富、提高和发展；在知识构建过程中，要正确定位师生互动的作用，在一定任务情景中，教师只是学生学习的指导者和促进者，学习是通过学生积极主动的意义建构和参与共同体的互动而完成的；在交互作用的过程中，学习者以自己的方式建构对于事物的理解，通过学习者之间相互的合作而使理解更加丰富和全面，学习不是个体获得越来越多外部信息的过程，而是建构了新的认知图式。❶ 在皮亚杰认知结构理论的基础上，科恩伯格（Kernberg）对认知结构的性质与发展条件等方面开展了深入的探究。斯腾伯格（Sternberg）和卡茨（D. Katz）等人强调个体的主动性在建构认知结构过程中的关键作用，并对

---

❶ 温彭年,贾国英. 建构主义理论与教学改革——建构主义学习理论综述[J]. 教育理论与实践. 2002(5).

认知过程中如何发挥个体的主动性作了认真的探索是。维果茨基（Lev Vygotsky）认为，知识是在参与者的共同努力与建构基础上形成的，社会互动、文化工具和各种活动构成了个体的发展与学习，个体的学习是在一定的历史、社会文化背景下进行的，社会可以为个体的学习发展起到重要的支持和促进作用。在强调认知过程中，学习者所处社会文化历史背景的作用的同时，他还提出了"最近发展区"理论。乔纳森（Jonasson）提出了建构主义学习环境设计理论，强调学习环境而不是教学序列的设计，认为学习结果不是预先确定的，"教学"是为了促进学习，而不是控制学习，支撑建构性学习的学习环境应围绕支撑知识的建构和让学习者在有意义的、真实的情境中学习和应用知识。他还从建构主义的观点出发构思评价方法和标准，建构主义评价的应该是知识获得的过程，而不仅仅是结果，评价学习者如何进行知识建构要比评价由此产生的结果更为重要。因此，有效的评价必须跟教学整合在一起，成为教学过程的一部分，教学也必须为学生提供更多的机会来显示他们的能力。同时，建构主义的学习是受到丰富的背景支持的，所以设计者和评价者必须考虑学生学习发生的背景，这些标准也是大多数建构主义研究者的整合性组成成分。❶

建构主义理论为高校探索和创新优秀人才培养模式开阔了新视野，对构建完善的高等教育质量评价保障体系提供了理论指导。建构主义理论提出了学习过程应该在主客体相互作用中构建，高校不仅要提供优质的教育资源，良好的学习环境，创造和谐的学习氛围，还需要从学生的视角去关心受教育者的成长、发展、收益、期望和利益需求，提高学生的学习效果和满意度。同时，建构主义以经验的建构为标准的评价观认为评价学习者如何进行知识建构比评价由此产生的结果更为重要，要将知识的获取过程作为评价的内容，而不仅仅关注学生学习的结果，评价过程应该是动态的不断持续的过程，应该不断呈现学习环境、学习过程、教学设计策略和方

---

❶ Jonasson D. H. Evaluating Constructivistic Learning[M]. Education Technology, 1991.

法、师生互动情况及学习者的学习态度。这样，学生在学习过程可以将评价作为自己有效学习的判断标准和指南，进而改进自己的学习方法和学习习惯；高校管理者可以从评价中获取有效信息，优化教学资源，改善教学环境；教师也可以利用与教学过程相契合的评价来调整教学方法和教学手段，更好地发挥引导者和促进者的作用。

二、人本主义理论

人本主义心理学在 20 世纪五六十年代兴起于美国，七八十年代迅速发展。它重视人的正面本质和价值，发现了人的心理与本质的一致性，主张从人的本性出发研究人的心理，从心理学的视角研究人的本性、潜能、经验、价值、创造力、自我选择和自我实现。它强调人的尊严、创造力和自我实现，将自我实现归结为人的潜能的发挥，而潜能是一种类似本能的性质。人本主义学派的主要代表人物是马斯洛（Maslow）和罗杰斯（Rogers）。马斯洛通过对人类的基本需要进行研究和分类，将之与动物的本能加以区别。他提出人的需要是动机产生的基础和源泉，而动机又是直接推动人的行为活动的内部原因和动力，需要的强度决定动机的强度。需要是分层次发展的，他按照追求目标和满足对象的不同把人的各种需要从低到高安排在一个层次序列的系统中，自我实现是最高层次，自我实现就是要成为自己，成为自己所能够成为的一切，使自己逐渐趋于完美。自我实现蕴含着两层含义：一是完满人性的实现，也是完善的真正的人性的实现，包括合作、求知、创造等特性或潜能的充分开发。二是个人潜能或特性的实现，是作为个体差异的个人潜能的自我实现[1]；每个人具有一种天生的潜能，发挥人的潜能，实现自我超越是人的最基本要求，而环境是使潜能得以实现的核心要素。在和谐温馨的氛围下，在真诚、信任和理解的人际关系中，潜能才能像得到了充足阳光和水分的植物一样破土而出；当遇到任何管理

---

[1] 车文博.人本主义心理学[M].杭州:浙江教育出版社,2004.

问题时，都要尊重个人，只要坚持以人为本的原则，实施以人为本的组织管理，都可以找到有效解决问题的新方法。

罗杰斯认为，人具有一种天生的自我实现的动机，一种发展自身，并不断扩充、成熟的趋力；一种不会满足已有的成就，并在积极主动的创造活动中不断超越自我的能力，它表现为一个人力图最大限度地实现自己各种潜能的趋向，即自我实现倾向。自我实现包括三个方面，即自我认定、自我评价、自我理想。自我评价应是动态的，而不是僵死不变的。遵循非指导性原则，教学过程是一个为学生创造良好的学习氛围，是师生互动共同参与完成的过程。在此过程中，教育者是一个非强制的知识资源，要尊重学习过程中的非智力因素，突出学习者的情感、意志力、价值等学习品质。教育者要有安全感，信任学生并感受到被学生信任，要以真诚和理解的态度对待每一个学生，要将学习的着眼点定位于促进学习过程的发展上；学生在真实的问题情境中，开展基于自律的学习、与同伴的互动、合作学习、自我评价，使学习成为一种自觉行为，以更快的速度提升自觉性，并将其渗透到广泛的生活和行为中去。❶ 倡导以学生为中心的"有意义的自由学习"，学习是学生自我调整、自我成长、自我价值实现的过程。教学活动要形成以情感为教学活动基本动力的新的教学模式，而情感更多的时候是以人际关系体现出来的，因此强调人际关系在教学过程中的重要性，教学内容、教学方法和手段等都维系与课堂人际关系的形成和发展；良好师生关系和学校氛围是学习中最重要的要素，教师的重要任务是为学生提供各种学习的资源，营造一种促进学生学习的氛围。❷

基于人本主义心理学"需求层次""自我实现""自我评价"理论，在高等教育阶段，大学生具有强烈的主动参与、自我实现的需求和愿望。为了发挥个人潜能，实现个人价值，他们应该乐于通过师生互动、同伴互动、

---

❶ Carl Rogers. Freedom to Learn for the 80's [M]. Columbus: Charles E. Merrill Publishing Company, 1983.
❷ 曾德琪. 罗杰斯的人本主义教育思想探索[J]. 四川师范大学学报(社会科学版), 2003(10).

探究练习等方式自觉、主动、自由探索地学习，将知识灵活理解，形成具有个性特色的独立性和创造性，促进自身自由学习。为了践行尊重个人、以人为本的管理理念，满足学生主动参与评价学习过程的需求，高校应该倡导并积极开展大学生对自身学习参与情况，以及教学资源、学习环境、师生互动、同伴互动质量等问题的需求的调查；科学分析、合理审视自身的现状，主动改进各项工作中的问题和不足，为学生自我实现创造优越的学习氛围，不断推进高校教育资源和教学环境的丰富和自我完善。

第四章 美国高职院校学生学情调查

第一节 美国高职院校学生学情调查概述

自2000年起,美国开展"本科生学情调查"(National Survey of Student Engagement,简称 NSSE)。2007年,清华大学教育研究院开始与美方合作启动问卷汉化工作。自2009年起,"中国本科生学情调查"(NSSE-CHINA)开始实施,国内20余所院校自愿参与调查。自2001年起,美国高职院校学生学情调查中心(Center for Community College Student Engagement,简称 CCCSE)实施"高职院校学生学情调查"(Community College Survey of Student Engagement,简称 CCSSE)。美国、加拿大、马里亚纳群岛及马绍尔群岛地区诸多高职院校参与了调查。该项目对有效提升参与地区高职院校学生的学业质量起到了重要推动作用。[1]

一、背景分析

1901年,乔利埃特社区学院(Joliet Junior College)在美国伊利诺伊州建立,这是美国第一所公立社区学院。自此,美国社区学院已经走过了100多年的历史。社区学院是美国开创的一种高等教育形式,它一直承担着美

---

[1] CCCSE. Assessing the Validity of CCSSE in an Ontario College. [EB/OL]. http://www.heqco.ca/Site Collection Documents/CCSSE.

国高等教育和职业技术教育的重任,为推动美国社会和经济发展,实现美国高等教育大众化、民主化作出了特殊贡献,也成为吸引国内外众多学生的重要场所。正是由于特色鲜明且适应社会发展需要,因此自创立以来,社区学院的吸引力不断增强。但在面临发展机遇的同时,在发展过程中,它也遇到了一些问题和挑战。

(一) 社区学院的快速发展

2015年,美国社区学院协会(American Association of Community Colleges,简称AACC)的统计数据显示,全美共有1123所社区学院,其中公立学院992所,占社区学院总数的88%。截至2013年秋季,社区学院学生人数达到1240万,占美国大学生总数的46%。其中学分课程注册学生数为740万,占注册总人数的60%;非学分课程注册人数500万,占40%。全日制学生290万,占注册学生总数的39%。非全日制学生450万人,占61%。同时,2009年7月,奥巴马总统在密歇根州的马科姆社区学院宣布一项名为"美国人毕业倡议"的资助计划,计划将在今后10年间向美国社区学院投入120亿美元,用于社区学院更新教学设施、开设更多在线课程和激励社区学院创新的"补助拨款"。到2020年,将使社区学院在校人数再增加500万人,让数以万计负担不起学费的学生能够接受大学教育,帮助他们掌握更多技能,争取更好的就业机会。这项计划是美国政府在高等教育领域中规模最大且增长最快的一项投资。社区学院之所以对美国政府和众多学生有如此强的吸引力,这是由社区学院自身的特点和优势决定的。

首先,面向各阶层、各民族大众开放。社区学院立足社区需要,招生对象不分性别、民族、种族、贫富、财产状况及学历程度等。凡是有教育需求的本社区居民均可交费入学,社区学院还向全体学生和民众提供各类免费信息咨询服务、培训班,能满足各类人群的需要。在2013年秋季注册的学生中,女性占注册总学生数的57%,白人学生占注册总学生数的50%,西班牙裔学生占21%,黑人占14%,亚太学生占6%。从学生类型看,36%

的社区学院学生为出生在美国的第一代学生,单亲家庭学生占17%,非美国公民学生占7%,退伍军人占4%,有各种残疾或障碍的学生占12%。

其次,学费低廉。美国社区学院的经费有相当一部分是由政府财政拨款的,不需要学生支出。因此,社区学院学生的学费仅相当于四年制学生的三分之一。2012—2013学年社区学院经费来源比例见图4-1。2014年公立大学四年制学生的年平均学费为9139美元,公立社区学院学生年平均学费为3347美元。同时,政府还为家庭经济状况不好的学生提供了助学金、补贴及其他形式的各种补贴,以帮助社区学院学生完成学业。2014年的统计数据表明,72%的社区学院学生申请了各类资助,62%的学生申请了联邦资助;58%的社区学院学生收到各类资助,38%的学生收到资助,19%的学生收到联邦贷款资助,12%的学生收到州政府资助,13%的学生收到学校援助。❶

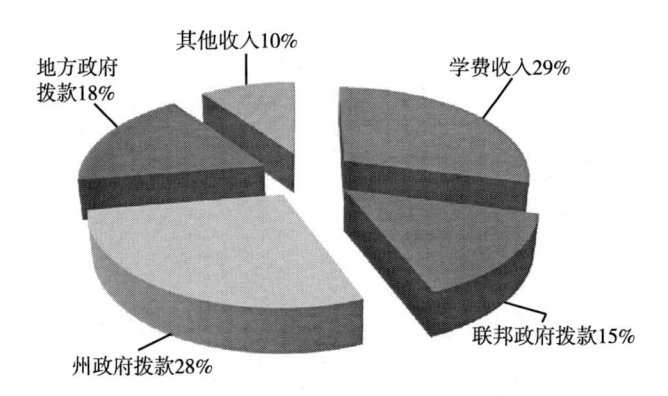

图 4-1 2012—2013学年美国社区学院经费来源比例图

最后,形式多样,灵活便捷。社区学院专业、课程、教学方法和教学组织形式等一般都灵活多样,适合不同人群需要。社区学院往往既开设普通高等教育的文化课程,也开设职业技术教育课程;既采用课堂教学的形式,也有远距离在线学习课堂,还有动手实际操作课堂;既有全日制课程,

---

❶ 2015 Fact Sheet,http://www.aacc.nche.edu/AboutCC/Documents/FactSheet2015.pdf.

也有非全日制课程；既可以在白天学习，也可以在晚上上课；既可以修读短期课程，也可以读完全部课程。学生可以根据自己的时间、兴趣随时修读各类课程，只要在考核时达到相关课程要求，学完课程累计学分，完成相关要求就可以毕业。

（二）社区学院面临的问题和挑战

美国社区学院在不断发展的同时，随着美国生产方式、人口结构的变化，社区学院发展也面临诸多问题。这些问题主要表现在学生毕业率低下，就业准备不充分，职业培训课程质量不高，效率低下，挫伤学生学习积极性，学生学习动力不足等方面。

第一，学生毕业率低，就业准备不足。高等职业教育目标就是培养高素质、高技能的应用型人才，获得劳动力市场所需要的职业技能，以适应社会进步和生产方式变革的需要。但美国《2014年高效就业条例》指出，美国许多高职院校大量学生在高职院校注册学习，但很多学生不能按时完成学业。部分学生即使完成学业也没有掌握市场需要的职业技能，就业准备不足。根据2013年数据统计，两年制社区学院的毕业率仅为24%，三年内取得副学士学位的比例为29%。从其学生转学的职能来看，社区学院学生在六年内取得学士学位的比例仅为56%。

第二，职业培训课程质量不高，学生学习动力不足。美国社区学院是数百万美国人通过努力学习实现"美国梦"的重要途径，也是他们接受高等教育，获得一份收入体面的工作，并以此为安身立命、养家糊口的依托。这些价值观是推动美国经济社会持续发展，实现社会下层人口向社会中产阶级流动的基石。但很多美国社区学院尤其是营利性院校片面追求利益最大化，仅重视注册学生数，常常设置收费高昂却就业困难甚至无法就业的课程项目，而置学生是否顺利毕业、找到工作及偿还助学贷款于不顾，从而极大地损害了学生的权益。调查显示，两年制营利性高职院校学生支出是社区学院的四倍，学生贷款率达到80%以上；在美国接受高等教育的人中，营利性院校学生数只有11%，但他们却使用了美国全国30%以上的学生贷款，且有44%的学生出现还贷违约的情况，20%以上的贷款学生在三年内没有偿还贷款的能力。❶

因此，为了满足美国公众、政府及相关利益人对社区学院的问责和期待，提高高等职业教育质量，提升学生学业成就和就业能力，开展社区学院学情调查具有重要意义。

（三）美国学情调查体系较为成熟

美国传统的高等教育质量评价主要是对高等院校办学理念、办学效益、办学能力、教学资源、师资队伍建设、社会参与和服务等方面进行评价，但20世纪80年代以来的大量研究表明，师生互动的质量、学生在学业上面临的挑战程度及教育环境等因素往往决定着学生学业成绩。❷ 为深入调查学生学业质量的影响因素，1998年，美国皮尤慈善信托基金会（Pew Charitable Trusts）发起了针对全国范围内四年制本科院校学生学习性参与和发展程度的年度调查——"本科生学情调查"，并于2000年在全美正式推行。到2006年共进行了7次调查，评估本科院校累计接近1100所。参与调查的学生累计超过100万人，对美国本科生学业成绩的提高作出了重大贡献。❸为不断提高高职院校学生学业质量，积极应对来自政府、公众、家长及认证机构的问责，2001年，休斯敦基金会（the Houston Endowment）、露米娜教育基金会（Lumina Foundation for Education）、大都会基金会（MetLife Foundation）和皮尤慈善信托基金会资助在德克萨斯大学奥斯汀分校设立高职院校学生学情调查中心（Center for Community College Student Engagement，简称CCCSE），引入NSSE调查模式，设置项目领导组和两个咨询委员会，并与NSSE合作，实施面向社区学院和技术学院学生的"高职院校领袖项

---

❶ Obama Administration Announces Final Rules to Protect Students from Poor-Performing Career College Programs. [EB/OL]. http://www.ed.gov/, 2014-11-06.
❷ CCCSE. Why Focus on Student Engagement? [EB/OL]. http://www.ccsse.org/center/about_cccse/.
❸ NSSE. Annual Survey Results [EB/OL]. http://nsse.iub.edu/pdf/NSSE2005_annual_report.

目"(the Community College Leadership Program),开展"高职院校学生学情调查"。

二、数据分析及运用

(一) 数据分析

为了比较分析调查数据,CCCSE 统计了单项指标中各选项在本院、同类院校及全国所有院校中的比例,供分析使用,此类分析为频次分析。同时,CCCSE 还根据调查的五个方面设置五项基准值,每项基准均值为 50,标准偏差 25,并赋各项指标在 0~1 之间取值。各项指标分值相加得到该项基准分值,每所学院可以得到每项基准分值。CCCSE 还按学院规模、地理位置等因素提供同类院校基准分值,各学院可以将本院基准分值与基准均值、同类院校基准分值进行比较,此类分析为均值分析。CCCSE 年度分析报告分均值分析和频次分析两部分,各院校通过分析报告明晰自身的优势和不足。❶

(二) 数据运用

到目前为止,除了 CCCSE 外,美国高职院校间仍没有有效的、恰当的数据能就学生学习情况进行比较。一些全国性的调查没有严格的样本量控制,而参与 CCSSE 的学院众多,样本量较大,有市区学院、郊区学院或乡村学院,也有规模较大的学院和规模较小的学院。这样,各种类型的学院都可以找到自己的目标院校进行比较分析。同时,所有被调查院校都按照规定进行抽样,所有参与调查院校的学生、教师都有平等被选择的机会,这就保证了数据及分析报告的科学性。CCCSE 的调查数据一般应用于以下方面。

1. 促进学校提高教学质量

CCCSE 收集调查数据后,会根据不同学院间办学理念、规模、地区差

---

❶ CCCSE. Benchmark Scores[EB/OL]. http://www.ccsse.org/.

异、学生特点（如全日制与非全日制学生的比例、传统校与非传统校、学生入学水平等）等因素提出分析报告，并及时向学院反馈调查信息，参与评估的学校可以使用 CCCSE 提供的反馈信息，有针对性地改进学校的教学工作，提高教育质量。分析报告也为教师改进教学工作提供了借鉴，为学生合理做好学业规划提供了参考。

2. 作为绩效问责及评价的参考

美国许多州使用 CCCSE 的数据作为全州范围的教学质量评价、绩效问责的重要手段，并作为调整教育方针政策的重要参考依据。全国及区域性认证组织正督促各学院使用 CCCSE 的数据作为学院内部评价材料，并将其作为重要参考资料在认证过程中运用。同时，CCSSE 指标体系中的许多指标也日益引起认证机构的重视，并引入认证评价体系。

3. 其他应用

随着 CCSSE 影响力的不断扩大，其分析报告逐渐成为学生及家长在择校时的重要依据。他们会根据学生的兴趣、特长，结合目标院校的办学定位、办学特色进行选择。国内外研究者空前关注分析报告，并以此作为分析美国高职院校学生学业情况的重要资料。但由于参与调查的各院校办学理念、传统文化、学生特点等方面存在差异，CCCSE 明确反对任何机构使用调查数据进行高职院校排名。❶

三、调查过程

为了保证社区学院学情调查工作的顺利实施，美国高职院校学生学情调查中心每年定时发布调查工作指南，各参与调查的社区学院按指南要求开展学情调查工作。各年度工作指南内容相近，主要对学情调查政策、调查管理人员工作职责、调查实施过程等内容提出要求。2015 年学情调查工作已于 2014 年 11 月启动，并将于 2015 年 7 月结束，本研究将对《2015 年

---

❶ 李兰巧,肖毅. 美国"高职院校学生学习性参与调查"解析[J]. 职业技术教育,2011(29).

学情调查工作指南》进行介绍。

（一）调查工作政策

在调查前，美国高职院校学生学情调查中心与愿意参加"高职院校学生学情调查"的社区学院签订协议，表明学校已经了解所有调查政策并自愿参与学情调查工作。签订协议后，美国高职院校学生学情调查中心将为参加调查学校分配用户名和密码，并匹配管理人员权限。经过数据核对、随机取样等环节，学生自愿参与学情调查工作，并可以随时退出调查。学情调查分为纸质形式、网络形式和电子邮件形式进行，学校根据自身规模等情况选择参加调查的方式。按照协议，社区学院有权使用"高职院校学生学情调查"的资料。未经学院同意"高职院校学生学情调查"机构不能随意将调查结果公之于众，但"高职院校学生学情调查"中心有权将资料汇总并提交政府部门，以便政府决策使用。

（二）调查管理人员工作职责

学校调查管理人员主要由调查协调员、调查管理员和调查联络员组成。他们在调查工作中起关键作用，其履职效果直接与调查成败相关联。调查协调员（Campus Coordinator）是由学校指派的学校与调查中心之间沟通联络的联系人，其主要职责是：监督社区学院学生学情调查工作在本校的实施情况；委派调查管理员并支持他们开展选修课学生情况的调查；在进班调查过程中，为调查管理员提供相关材料并指导调查工作的实施；按照调查中心提供的调查协调员备忘录的要求开展各项工作。调查管理员（Survey Administrator）为学院教职工，其主要职责是：作为调查协调员和选定调查课程的任课教师的联系人；与教师就课堂调查实施过程和时间安排进行协商；阅读每个班级的调查实施方案；执行、采集并回收完成的调查信息给调查协调员；按照调查中心提供的调查管理员备忘录要求开展各项工作。调查中心联络员（CCSSE Liaison）是学情调查中心的员工，其主要职责是：

负责与学校的调查协调员的联络和沟通；在调查过程中对学校调查协调员的工作进行指导；为了确保调查工作的顺利实施，负责为学校调查协调员提供各类必需的调查材料。

（三）实施过程

1. 课程主要数据文件（Course Master Data File）提交。首先，通知参与调查的学院调查办公室按照调查备忘录和相关要求，在春季学期两周后上第一堂课时，向调查中心联络员提交 Excel 格式的"课程主要数据文件"；提交文件内容包括春季学期所有的学分课程，如果学院可授予学士学位仅包括大一新生和大二学生的课程；提交文件之前，要认真审查"课程主要数据文件"。在发送之前，应检查以确保非学分课程、双选课程、远程学习课程、个别化教学课程等不在调查范围之内。"课程主要数据文件"在被发送到"高职院校学生学情调查"中心之前，这一步极为重要，因为一旦参与调查的课程样本确定，将不能再更改。

2. 随机确认样本阶段。首先，审查选定的课程。在收到"课程主要数据文件"之后，调查中心便开始启动选择样本的程序。一旦完成选样工作，调查中心将会以电子邮件的形式将文件发送给调查协调员，由协调员负责和相关人员确认样本课程所有信息是正确的且课程之外的抽样框没有出现在样本中。其次，经过事前与中心联络员的沟通，调查协调员应在收到课程文档电子邮件的两个工作日之内确认样本。最后，调查中心联络员会向调查协调员提供选定的课程清单。

3. 课堂调查实施阶段。这一过程是"高职院校学生学情调查"的核心部分，主要由调查协调员和调查管理员实施。第一，由调查协调员向被选入参加调查课程的教师发送"调查协调员公开信"，并向调查管理员提供调查管理员工作指南、样本清单、调查日程表等材料。第二，在调查协调员发出公开信之后，调查管理员向参加调查的教师发送"调查管理员公开信"，安排调查工作具体事宜。第三，调查协调员接收并检查调查材料。在调查协调员收到最终样本两周后，调查中心将向参加调查的学校发送调查材料。调查协调员负责检查调查材料，检查无误后分发给调查管理员，准备进班调查工作。第四，开展课堂调查。按调查时间表安排的时间和调查要求，调查管理员应备齐调查材料按时到达指定课堂进行正式调查，调查管理员按要求认真履行职责。在调查过程中，如果有学生在其他课堂接受过调查，将不再参加此次调查。未被选中参加调查的学生在调查期间应该继续留在教室。第五，调查管理员收回完成的调查问卷和相应的课程信息表交给调查协调员。第六，调查协调员向所有调查参与者（教师和学生）发送感谢信。

4. 调查回收阶段。首先，调查协调员回收完成的调查问卷并归类装袋、贴上标签，协同调查中心调查联络员将资料运送至调查中心，以待分析和整理。

5. 调查结果反馈阶段。调查结束后，调查中心将对相关资料进行全面分析，得出最终调查结果并形成报告。随后，调查中心将向参加调查的学校提供在线调查报告和调查数据文件等，以便学校比较分析，促进教学质量的提高。❶

四、调查影响

2001年，美国高职院校学生学情调查中心开始实施高职院校学生学情调查项目。该项目是专门针对社区学院及技术学院学生开发的，实施的目的是改进高职院校教育教学活动，提高学生学业质量，为高职院校质量评价与问责等提供信息。自开展学情调查以来，参加调查的地区和学校不断增加，调查影响逐渐扩大。2010年，调查中心调查了来自美国47个州、加拿大部分省、马里亚纳群岛（Mariana Islands）及马绍尔群岛（Marshall Islands）等地区658所高职院校。2014年，调查中心调查了来自美国48个州、哥伦比亚特区、加拿大部分省、百慕大群岛（Bermuda）、密克罗尼西

---

❶ CCSSE. 2015 Procedure Guide[EB/OL]. http://www.ccsse.org/.

亚（Micronesia）及马绍尔群岛等地区 684 所高职院校，其中市区院校 140 所，郊区院校 149 所，乡村院校 395 所；其中超大规模学校（超过 15000 人）79 所，大规模学校（8000~14000 人）141 所，中等规模学校（4500~7999 人）168 所，少于 4500 人的学校 296 所。目前，接近 80% 的美国高职院校参与了学情调查。

美国高职院校学生学情调查中心每年定期对调查数据进行分析，形成各学校分析报告、年度分析报告等调查研究成果，并组织学情调查分析论坛，向各高职院校、政策制定者、教育管理者、公众及相关利益者提供有效数据，为促进美国高等职业教育质量的提升作出了重要贡献。

第二节　美国高职院校学生学情调查工具

一、调查工具标准

（一）调查体系解读

根据调查对象的不同，美国高职院校学情调查中心调查体系分为三类。2001 年，调查中心开始实施高职院校学生学情调查，调查对象面向全体高职院校学生。2005 年以来，高职院校学情调查中心还开展了面向高职院校教师的"高职院校学生学情调查"（教师版）（Community College Faculty Survey of Student Engagement，简称 CCFSSE）。此项调查工作主要通过在线形式开展，教师版与学生版调查指标主题相同。内容相似，2014 年，美国共有 107 所高职院校参加调查。

自 2007 年开始，CCCSE 还开展了美国"高职院校新入学学生学情调查"（Survey of Entering Student Engagement，简称 SENSE）。调查对象是每年新入学 4~5 周的社区学院和技术学院的学生；调查内容包括：他们对学校的第一印象，对报名、注册、考试及财政援助政策的了解，在入学阶段时间安排、大学期间学习及发展规划，如何评价入学以来与教师、学生、管理人员之间的关系，入学后面临哪些挑战，学院从哪些方面为其提供学业上的支持等内容。2014年，共有114所高职院校参加此项调查工作。相比之下，高职院校学生学情调查起步较早，参与的学校更多，影响更大。因此，本研究重点对该体系进行探析。

（二）学情调查五项基准

五项基准是CCSSE调查指标体系的核心内容，五项基准包括以下五个方面的内容。

1. 师生互动质量（Student-Faculty Interaction）。师生互动情况与教育教学目标的实现呈正相关。学生在教学活动中的表现越积极，他们的学习就越有成效，也更容易达成教学目标；在师生关系中，教师是学生学习的榜样，知识和技能的传授者，教学活动的引导者。

2. 学生学业挑战程度（Academic Challenge）。学生学业上面临的挑战和创造性的学习是学生取得理想学业成绩的关键。基准注重课程标准要求、教师对教学中难点的把握，课外作业的质量和数量，对学生进行评价的严格程度及方式、方法等内容。

3. 主动合作学习水平（Active and Collaborative Learning）。当学生能积极投入学习中去，有机会积极思考、应用正在学习的各种知识，并同其他学生一起解决所面临的各种问题、掌握挑战性的知识时，才能培养他们解决实际问题的能力。

4. 学生的努力程度（Student Effort）。学生自身的努力程度直接影响着他们的学业成绩。当学习成为学生主动的、发自内心的、反映个体需要的需求时，学业成绩的提高就成为必然。

5. 教育环境支持度（Support for Learners）。教育环境对学生学业情况影响较大。在提供优良的教学设施、健康向上的教育环境的学校，学生耳濡目染，更容易取得优异的学业成绩。

五项基准具体指标内容见表4-1。

表4-1 美国高职院校学生学情调查五项基准指标内容❶

指标内容		选项
根据本学年学习经历，请选择参与下列活动的频率	a. 上课时主动提出问题或参与讨论	常常、时常、有时、从不
	b. 课堂上做专题口头公开展示或汇报	
	c. 交送论文或其他作业前，进行过两次或多次修改	
	d. 多方收集资料，完成过融入自己创造性思想的论文或项目	
	e. 课前没有完成老师布置的课外作业	
	f. 在课堂上和其他同学一起完成老师安排的教学任务	
	g. 课外和其他同学一起完成老师布置的作业	
	h. 帮助或辅导其他同学学习（收取报酬或志愿服务）	
	i. 作为课堂教学的一部分，参与社区服务项目	
	j. 在完成作业过程中使用过网络资源	
	k. 使用电子邮件形式与老师沟通信息	
	l. 和教师探讨学习过程中遇到的问题	
	m. 和教师或导师讨论职业生涯规划问题	
	n. 课外与教师讨论阅读或课堂学习内容	
	o. 及时收到教师（书面或口头的）评价反馈	
	p. 自认为比教师提出的要求更为努力	
	q. 除了课堂教学活动外，还参与教师组织的其他活动	
	r. 在课外与其他人（同学、家庭成员、伙伴）讨论课堂学习内容	
	s. 与其他民族、种族的同学合作、交流	
	t. 与宗教信仰、政治观点或个人价值观不同的同学合作、交流	
	u. 逃课	

---

❶ CCSSE. The Community College Student Report [EB/OL]. http://www.ccsse.org/.

续表

指标内容		选项
在本学年学习的课程中，强调下列教学活动的频次	a. 记忆所学重要知识点并在需要的时候复述	非常多、许多、一些、很少
	b. 分析所学理论、思想等基本要素	
	c. 运用新方法组织、整合学习内容	
	d. 对学习内容的价值及科学性进行判断	
	e. 运用所学理论或概念解决实际问题	
	f. 根据所学知识创造新的技能	
本学年阅读和书面作业量	a. 阅读指定教科书、手册、参考书目数量	0、1~4、5~10、11~20、20以上
	b. 根据个人爱好（非教师指定）、学术兴趣阅读书目的数量	
	c. 完成书面论文、报告的数量	
描述本学年学院的考试对你努力学习的挑战程度		极具挑战性到极其容易间设7个等级
下列选项中，哪些是你已经做过的、哪些是正在做的、哪些是将来准备做的	a. 参与实习、实践活动或接受实训任务	已经做了、打算做、没有做也不打算做
	b. 修习培养性（补救性）阅读、写作、数学课程	
	c. 学院倾向性项目或课程	
	d. 与课程或研究小组工作相结合的社区知识	
你所在的学院重视下列哪些活动	a. 鼓励学生将大量时间花在学习上	非常重视、重视、一般、不重视
	b. 当需要帮助时，学院将尽力提供支持	
	c. 鼓励不同民族、种族、社会地位的学生相互协助、交流	
	d. 帮助学生处理来自家庭、工作等非学习方面的事务	
	e. 为学生接受教育提供经济援助	
	f. 在学习活动中使用计算机	

续表

指标内容		选项
在每周七天中，你花在下列活动中的时间各是多少小时	a. 为上课做准备（家庭作业及其他与学习相关的活动）	0、1~5、6~10、11~20、21~30、30 以上
	b. 挣钱的工作	
	c. 参与学院内学生社团、学院内或学院间组织的各种活动	
	d. 照顾父母、子女或配偶等家庭成员	
	e. 上课往返时间	
请选择在学院学习期间你与其他同学、教师及教学管理人员之间的人际关系情况		友好、互助到不友好间设7个等级
学院的经历对你获得知识、技能等方面有多大影响	a. 获得基础知识和技能	非常大、很大、一般、没有
	b. 获得工作或与工作相关的知识和技能	
	c. 有效提高了写作或口头表达能力	
	d. 提高了分析问题及批判性思维能力	
	e. 使用计算机及信息技术	
	f. 有效提高了与他人交往与合作能力	
	g. 更了解自己及个人价值观、自主学习能力的形成	
	h. 理解不同民族、种族人群	
	i. 有了明确的职业生涯目标	
	j. 获得职业生涯发展机会的相关信息	
请就下列选项的使用频次、满意度和重要性进行选择	学习建议及规划、职业规划咨询服务、就业援助、辅导教师、训练场地、经济援助建议、学生组织、转移学分援助、困难学生服务等	使用频次，满意度，重要性

续表

指标内容		选项
下列选项中可能让你从现在班级或学院转出的原因是	全职工作、照顾家人、学业成绩欠佳、家庭贫困、转到四年制学院或大学	很可能、可能、或许会、不可能
下列选项中是你在现在学院就读原因或目标的是	取得相应学历证书、转到四年制学院或大学继续学习、获得或更新职业技能、自我充电或个人兴趣、更换职业	初级目标、高级目标、未列入目标
在下列选项中，哪些是你学费的来源	自己收入或积蓄、父母或资助人的收入或积蓄、雇主捐助、奖助学金、学生贷款、公众援助等	主要来源、次要来源、非来源
到目前为止，你在现在就读的学院获得了多少学分		0、1~14、15~29、30~44、45~60、60以上
在这些时间段中，哪个时间段上课你的出勤率最高		白天，晚上，周末
你如何评价在现在就读的学院的总体学业情况		A、A^-~B^+、B、B^-~C^+、C、C^-或更低

（三）基本调查信息

除了上述五项基准外，调查中心还通过问卷获取被调查者个人信息、学业情况和学习满意度三类信息。

1. 个人信息。包括被调查者的基本信息，如年龄、性别、国籍、种族、母语、学制形式（全日制或非全日制）、最高学历、婚姻状况、是否有子女一起居住、城乡背景、父母受教育程度等；与院校相联系的个人信息，如在哪里开始接受职业教育，是否在本学期曾经接受过学生学业情况调查，本学期你在哪些学校（中学、中等职业学校、其他社区或技术学院、四年制学院或大学、其他学校）接受过教育等。

2. 学业情况。包括被调查者的学业成绩、个人成长及能力培养情况等，如自从中学以来，你在培训机构、中等职业学校、其他高职院校或本科学校中的哪类学校的学习更有收获，在本校就读以来你的学业情况等。

3. 学习满意度。包括你是否会将现在就读的学院推荐给你的朋友或家人，家人、朋友是否支持你在本校就读，你对目前就读的学校如何评价等。

二、调查工具检验

（一）2006 年三项检验

为了研究美国高职院校学生学情调查问卷的效度，对五项调查基准与学生学业成就的相关性进行分析，2006 年，学者迈克莱尼（McClenney）、马尔蒂（Marti）和阿德金斯（Adkins）开展了学情调查问卷信效度检验，并发布了研究成果——《学生参与与学生成就：高职院校学生学情调查信效度研究重要发现》。为了保证检验工作的科学性和合理性，研究者在选取调查对象时兼顾了多样性和多元性，尽量包括各阶层、各种族、各年级学生。调查对象主要分三类。

首先是佛罗里达州参与过学情调查的全部社区学院的 4823 名学生；其次是参与第一轮"成就梦想"（Achieving the Dream）计划的 24 所学院的 1623 名学生（"成就梦想"计划是一个美国倡议计划，其目的是帮助更多的社区学院学生走向学业成功。参与此项计划的学校有助于跟踪学生的学业表现、学习持久性和学业完成率等数据）；同时还包括"拉美裔学院与大学协会"（The Hispanic Association of Colleges and Universities）成员院校及西班牙裔学生占总体学生比例超过25%的社区学院的3279名学生。

通过调查分析，研究人员就五项基准与学生学业成就的相关性问题得出以下结论。首先，主动合作学习与学生的学业成就呈正相关关系。主动合作学习往往与学生修读学分数、学位获得率、学生平均绩点（GPA）等指标紧密相连。即越是积极主动参与合作学习的同学，他们修读且修完的学分越多，平均绩点越高，学业成就越优异，取得各类证书的机会就越多。这一结论在佛罗里达州的社区学院和"成就梦想"学院的研究中都得到了验证，学生平均绩点获得情况在各组均得以验证。

其次，学生努力程度与学生的学业成就部分相关。学生努力程度与"成就梦想"学校学生的学分获得率呈正相关，而在佛罗里达州社区学院研究中，未发现学生努力程度与学业完成情况的相关性；学生努力程度与学生在某一特定学习阶段的学习持久性呈正相关关系。研究发现，学生努力程度与西班牙裔学校学生和"成就梦想"学校学生的第一学期、第二学期及第一学年、第二学年的学习有一个好的持久性，但这一结论在佛罗里达州学校中没有得到验证。

第三，学业挑战程度与所调查的所有学校学生的学业成就呈现完全相关性。学业挑战程度与学生学分完成率、学生平均绩点、学期注册数量、学位或资格证书获得情况密切相关。调查发现，所有调查对象的学业挑战程度与上述各因素完全相关。

第四，师生互动质量与学生学业成就部分相关。师生交互质量反映师生在学习、职业生涯规划、课程内容和作业任务等方面完成的效果。完成效果越好，就越有利于提升学生的学期注册数量和学时完成率。调查发现，拉美裔学院学生和"成就梦想"学院师生活动质量较高，学生平均绩点及学分完成率也越高，但在佛罗里达州学校研究中没有发现这种关系。此外，师生互动的频率和效果与佛罗里达州学校学生和"成就梦想"学校学生的学位和资格证书的获得情况呈正相关。

第五，教育环境支持度与学生学业成就部分相关。教育环境支持程度与学生学期注册数量、学分完成情况、学生平均绩点等因素相关。调查发现，教育环境支持程度与学生学期注册数量、学分完成情况等因素呈正相关，即教育环境支出程度越高，越有利于吸引学生就读且取得良好的学业成绩，但它与学生的平均绩点和学分完成率没有显著关系。教育环境支持度与佛罗里达州学校学生的学位和资格证书获得率呈正相关，而在"成就梦想"学院的研究中没有发现此种相关性。

因此，基于调查样本的复杂多样，五项基准与学生学业成就之间的相关性在不同样本间表现稍有差异，但毫无疑问，五项基准与学生学业成就在统计学上呈现出了显著的相关性。

（二）安大略湖社区学院研究

为了了解美国高职院校学情调查问卷在其他国家使用的有效性，2010年，学者曼达里诺（Mandarino）和马特恩（Mattern）根据2009年社区学院学生学情调查数据，构建了"有效教育实践模型"，并对模型进行了信效度检验。他们使用均方根误差近似（RMSEA）和标准化残差均方根（SRMR）来评价模型的拟合程度，还评议了"验证性因素分析"（CFA）的结果，并指定了五项基准的具体调查项目。根据 RMSEA＜0.6 和 SRMR＜0.9 的验收标准，发现五项基准的结构信度的数据在合理范畴之内，RMSEA＝0.60，SRMR＝0.62。学业挑战维度克隆巴赫系数（Cronbach Alpha）达到0.80，其他维度的克隆巴赫系数在0.56~0.76，说明具有较好的拟合度，信度可以保障。同时，以安大略湖社区学院学生为样本，依托经过检验的"有效教育实践模型"（The Model of Effective Educational Practices）对学情调查问卷的有效性进行研究。研究者运用虚拟模型检验了"有效教育实践模型"五项基准与学生学业成就的整体拟合优度等，并产生了良好的拟合优度。研究结果表明，问卷中学生努力程度、师生互动质量和教育环境支持度三个维度，与学生自我报告的平均绩点、学期平均绩点、总平均绩点、总学分完成率，以及完成所修课程且平均成绩在70%或以上的比率这五项学业成就相关，仅有主动合作学习和学业挑战程度两项基准可被作为大部分学生学业成果的预测因子，这个结果与上述研究成果契合度很高。

（三）其他研究

为了对学情调查工具进行检验，2009年，学者安吉尔（Angell）运用"主轴因子分析法"与"斜交转轴法"对社区学院学生学情调查的结构效度和信度进行了检验。研究结果表明，社区学院学生学情调查问卷对学生技能收益、学院意见、学生心理活动和服务重要性的调查分析等有实际意义。五项基准中至少有三项是可靠的，阿尔法值大于或等于0.70，表明学情调查问卷信度很高。调查中心的研究人员基于2003年、2004年和2005年全国学情调查样本，对调查问卷的信效度进行了检验。结果表明，五项基准具有合理的信度，对学生学情调查具有实际意义。[1]

综上所述，美国高职院校学生学情调查问卷具有较好的信度和效度，使用该问卷进行调查研究具有科学性、有效性和合理性。

三、思考与启示

在学习活动中，学生是独立思考、认知和行动的主体，是学业成绩的主动建构者；教学工作就是以学生为主体，不断优化教育环境的过程，其目的是发展每个学生的潜能。美国高职院校学生学情调查中心使用符合信度和效度要求的学情调查问卷，并以此开展的以学生学业质量为核心的质

---

[1] Mandarino, C., Mattern, M. Y. Assessing the Validity of CCSSE in an Ontario College [EB/OL]. [2014-05-16]. http://. heqco. ca/SiteCollectionDocuments/CCSSE_ENG. pdf.

量评价，是由非官方的研究机构实施的，以学生为评价主体，以影响学生学业情况的五项基准为核心，以自愿为基础，在公开、民主的过程中进行调查分析，其影响不断扩大，对美国高职院校学生学业质量的提升起到了重要推动作用，对我国高职院校教学质量评价体系的完善也有一定的借鉴作用。

第五章　我国高职院校学生学情调查工具开发

第一节　高职院校学生学情调查工具的文化适应

美国高职院校学生学情调查工具的开发理念是关注人才培养对象——学生的学习、成长与发展情况，重视学生的"学"，强调学生的主体地位，关注学习过程，以如何促进"学"来引导"教"。高职院校是社会系统的重要组成部分，与各国社会文化、政治、经济及历史息息相关。因此，在对来自美国本土的高职院校学生学情调查工具使用之前，进行文化适应调整工作是研究的起点。

一、翻译工作

研究者在对美国高职院校学生学情调查工具产生背景、体系构成、有效性检验及使用情况进行全面了解的基础上，首先将工具英文版进行汉化。之后请相关专家进行审查修改，问卷尽可能做到了既忠实于原文又使被调查者容易理解。

二、文化适应调整

在完成翻译工作的基础上，研究者依据我国高职院校、文化与价值观差异等原则，对一些题目和变量进行了文化适应方面的调整。首先，根据我国高职院校实际情况对部分题项进行了调整。如美国高职院校学情调查工具在调查学生人际关系时，分为生生、生师及学生与教学管理人员关系三个方面。但在我国高职院校，除了这三种关系之外，学生与辅导员、班主任等思想政治及生活指导教师间关系密切，文化适应后的调查工具增加了此方面内容。美国高职院校学情调查工具调查了学生学习本科学位课程的情况，而我国高职院校学生除参加本科自学考试课程学习外，还有部分学生参加专升本考试，研究者增加了相关内容。

　　原问卷调查了"选择你在现在学校就读原因或目标"，其中包含了"转到四年制学院或大学继续学习"这一选项，转学制度是美国社区学院最传统的职能，发展到现在已经有100多年的历史。其转学的形式灵活多样，最为传统的转学方式就是首先学习社区学院提供的两年基础性课程，凭借所获学分继而转入四年制学院或大学继续深造，最终获取学士学位。同时，随着社区学院的发展，近年来出现了反向转学的情况，即已经在四年制学院或大学修的学分的学生回到社区学院继续学习其他课程。美国建立了完善的转学体系，美国各州内部二年制与四年制院校学生每年的转学率从4%~50%不等，伊利诺伊州这个数字超过50%。如今美国取得学士学位的人当中有30%~60%曾就读过社区学院。由于国情不同，在我国，一般来讲，高招录取批次分为提前批次本科、第一、第二、第三批本科和高职高专院校等。2005年《普通高等学校学生管理规定》第三节第二十条规定，学生有下列情形之一者，不得转学。其中包括由招生时所在地的下一批次录取学校转入上一批次学校、由低学历层次转为高学历层次的。高职院校目前主要是专科层次，因此不允许出现在专科层次学校就读而直接转到四年制本科院校就读的情况。但高职院校经常有一定比例的学生完成专科层次学习之后可以参加专升本考试而直接升入本科院校就读。因此，研究者将"转到四年制学院或大学继续学习"修改为"升入本科大学继续学习"。

原问卷调查了"请就下列选项的使用频次、满意度和重要性进行选择",其中包含了"转移学分援助"这一选项。学分转移制度是美国社区学院的一大亮点,在 20 世纪 90 年代得到快速发展,将学分转移扩大到美国整个高等教育系统中。每所社区学院都与不同的大学就学分互认问题签订了"转学课程衔接协议",协议规定了社区学院与四年制大学学分对等、学分互认课程。如果学生在社区学院顺利修完可供转学的核心课程并达到其他转学规定,就可携带所修学分顺利转入指定的四年制大学就读,并免修大学一、二年级相应的课程。甚至有些州的大学管理委员会和社区学院委员会在州际层面签署了"全面学制衔接协议",以保证并规范转学教育以及学分互认的程序化运作。通过签订相关的学分转移协议,社区学院的学生修完一定的课程学分后可带着学分到大学继续学习。在我国,目前这一机制尚不健全,因此,本问卷删除了相关内容。

其次,结合学生实际情况进行了题项修订。如美国高职院校学情调查工具中调查了学生婚姻状况及是否与子女一起生活。在我国,《中华人民共和国婚姻法》(2001 年修正)(以下简称《婚姻法》)第六条规定:"结婚年龄,男不得早于二十二周岁,女不得早于二十周岁。晚婚晚育应予鼓励。"我国儿童一般 6 岁入学,18 岁进入高职学习,在高职院校就读期间一般未达到《婚姻法》规定的结婚年龄;同时,国家大力倡导晚婚晚育政策,高职院校学生普遍未婚,更未出现与子女共同生活的情况。因此,本问卷删除了相关题项。

原问卷调查了"在每周七天中,你花在照顾父母、子女或配偶等家庭成员中的时间各是多少小时",因为我国高职院校学生普遍未婚,本问卷删除了"子女或配偶"的内容。

原问卷中调查了"选择你在现在学校就读原因或目标",其中包含了"更换职业"这一选项。因在美国社区学院很多学生是在职完成学业的,而我国高职院校一般招收的是全日制学生,学生来源主要是完成高中学业的学生或完成中等职业院校学业的学生。因此，本问卷删除了此选项。但是由于传统文化的差异，我国很多学生在选择学校或专业的时候是根据父母的意愿填报的志愿，因此，本问卷增加了"家长意愿"这一选项。

三、认知访谈

（一）题项审察

文化适应调整完成之后，研究者又采用访谈的方式对修订后的问卷进行了进一步核查。访谈主要关注被试者回答问题时的理解、感受，尤其关注题干是否清晰、题目是否困难、理解是否到位、选项设计是否合理等问题，同时也注意了解被试在答题时的误解、困惑等感受。具体包括四个环节：题项的清晰度，即请访谈对象谈谈是如何理解这道问题的，认为它主要是想问什么问题，以及感觉题项问得是否清楚无误；记忆提取，即看到相关题项，访谈对象是否能回答以及原因所在；题项量表设计适应性，即请访谈对象谈谈对这些选项的理解，比如对频率"有时、常常""很少、一些、许多"等的理解；个体经验和题项量表的匹配度，即访谈对象是否能在这些选项中找到答案，以及选择答案的原因。

经过对不同专业的 30 名学生的访谈，研究者对问卷的表述进行了进一步的调整修订。修订后的问卷经比较教育学、教育技术学、社会学等方面专家审核，文化适应后的调查工具效果理想。

（二）版面设计

经过文化适应、题项审察后，调查工具对美国高职院校学生学情调查工具 121 个题项中的 36 个题项进行了修订。另外，在问卷版面设计方面，研究者也根据访谈学生对问卷版式、题目顺序等问题的意见和建议，确定将问卷分为 4 页，正、反面印在一张 A3 纸上，被试者完成时间大约在 10 分钟，题目设置的顺序及语言等也都比较符合一般思维习惯。

第二节　高职院校学生学情调查工具检验

一、研究对象与方法

为了对我国高职院校学生学情调查工具进行信度和效度研究，使样本具有足够的代表性，研究者认为，所取样本只要能覆盖我国高职院校不同类型、不同专业、不同年级和不同性别的学生群体，应该就具有足够的代表性。因此，研究者在北京选取了四所院校，其中包含了公办和民办两种类型。从大一到大三各个年级，按文科、理科和艺术类三大专业门类比例抽样，并收集调查数据。使用SPSS18.0软件，通过信效度分析等方法，检验问卷核心题项的信度和效度。学情调查共发放问卷200份，剔除数据不完整及无效的问卷后，实际回收有效问卷192份，有效样本96%。

二、调查工具无应答偏差检验

尽管问卷回收率比较高，但为了确保调查问卷的科学性和合理性，仍须进行无应答偏差检验。研究者将数据输入SPSS13.0软件，对有效问卷和无效问卷的基本信息的差异进行检验。通过检验，未发现任何显著性差异，因此可以认为在本研究中不存在无应答偏差的影响。

三、调查工具信度检验

信度是指问卷测试结果的一致性和稳定性，问卷的信度越大，则其测量标准误差就越小。一份问卷的调查结果不会因调查者和调查时间不同而产生显著误差，则其调查结果就是稳定的和可靠的。同质信度是指问卷项目之间的同质性或内部一致性。本研究采用克隆巴赫系数（Cronbach Alpha）进行同质性信度检验。在社会科学研究领域中，每份问卷或量表包含分层面，因而使用者除提供总问卷或量表的信度系数外，也应该提供各层面的信度系数。一般认为，总问卷或量表的信度系数最好在 0.80 以上，如果在 0.70~0.80，也算是可以接受的范围；如果是分量表，其信度系数最好在 0.70 以上，如果在 0.60~0.70 也可以接受使用；如果分量表（层面）的内部一致性 α 系数在 0.60 以下或总量表的信度系数在 0.80 以下，应该考虑重新修订量表或增删题项。分量表（层面）的信度系数在 0.80 以上，信度很高；如果整个问卷（量表）信度系数在 0.8 以上，表明信度高。❶ 本研究修订的学习性参与问卷的信度检验效果见表 5-1。

表 5-1 各维度的信度系数

	维度一：师生互动质量	维度二：学生学业挑战程度	维度三：主动合作水平	维度四：学生努力程度	维度五：教育环境支持度	问卷总体
克隆巴赫系数	0.882	0.766	0.806	0.713	0.782	0.881

检验表明，经过文化适应调整后的问卷整体上的克隆巴赫系数达到 0.881，信度很高；各维度克隆巴赫系数均在 0.71 以上，具有很高的信度。其中师生互动质量维度和学生努力程度维度克隆巴赫系数均在 0.80 以上，信度理想。前期学者曼德利诺（Mandarino）和麦特（Mattern）的研究表明，美国高职院校学生学情调查问卷克隆巴赫系数有一个维度达到 0.80，其他维度在 0.56~0.76。❷ 由此可见，本调查工具调整后信度有所提高。

---

❶ 吴明隆. 问卷统计分析实务[M]. 重庆：重庆大学出版社，2010.
❷ Mandarino, C., Mattern, M. Y. Assessing the Validity of CCSSE in an Ontario College[EB/OL]. [2014-04-03]. http://www.heqco.ca/SiteCollectionDocuments/CCSSE_ENG.pdf.

四、调查工具效度检验

在调查活动中，效度是指能够测到该调查所欲测（使用者所设计的）心理或行为特质到何种程度。问卷的效度主要包括内容效度和结构效度等方面。内容效度是指量表内容或题目的适切性与代表性，即测验内容能否反映所要测量的心理特质，能否达到调查的目的或行为构念。内容效度常以题目分布的合理性来判断，属于一种命题的逻辑分析，因而内容效度也称为逻辑效度。[1] 本研究问卷各题目和维度的调整综合考虑了已有的研究和文献基础、访谈资料等，在修订前后多次请教育学、社会学专家等进行讨论修改，保证了问卷能够涵盖参与性学习的各个方面，逻辑上比较清楚、完整。

问卷结构效度是问卷实际测到的所要测量的理论结构和特质的程度，即测量分数能够解释假设理论的某种结构或特质的程度。本研究通过因素分析对问卷进行效度检验。主要检验结果如下。

表 5-2 KMO 值和 Bartlett 球形检验

	维度一：师生互动质量	维度二：学生学业挑战程度	维度三：主动合作水平	维度四：学生努力程度	维度五：教育环境支持度	总检验
KMO 取样适切性	0.859	0.845	0.807	0.553	0.801	0.898
Bartlett 球形检验的显著性	0.000	0.000	0.000	0.000	0.000	0.000

KMO 是 Kaiser-Meyer-Olkin 的取样适当性量数（KMO 检验的取值范围在 0~1）。统计结果越大（越接近 1 时），表示变量间的共同因素越多，变量间

---

[1] 吴明隆. 问卷统计分析实务[M]. 重庆:重庆大学出版社,2010.

的净相关系数越低，取样的适切性也越好，越适合进行因素分析。一般认为，如果 KMO 的值小于 0.5 时，较不宜进行因素分析，进行因素分析的普通准则至少应该在 0.6 以上。如表 5-2 所示，通过 SPSS 软件测算 KMO 值和 Bartlett 球形检验，量表中五个维度的总体 KMO 值为 0.898，表明问卷变量间具有共同因素存在，调查所抽取的样本具有适切性。Bartlett 球形检验是考察量表是否适合进行结构效度检验的测量，当其显著性 p 值小于 0.05 时，说明拒绝虚无假设，即拒绝净相关矩阵不是单元矩阵的假设，接受净相关矩阵是单元矩阵的假设，代表总体的相关矩阵间有共同因素存在，适合进行结构效度的检验。从表 5-2 可以看出，不论是五个维度本身还是量表总体，其显著性结果均小于 0.05，说明量表非常适合进行结构效度检验。

表 5-3 结构效度检验——探索性因素分析

维度/因素	师生互动质量	学生学业挑战程度	主动合作水平	学生努力程度	教育环境支持度
师生互动质量	1.000				
学生学业挑战程度	-.131	1.000			
主动合作水平	-.037	-.228	1.000		
学生努力程度	.500	-.009	.062	1.000	
教育环境支持度	-.375	.026	.105	-.263	1.000

备注：提取方法为主轴因子分解。旋转法：具有 Kaiser 标准化的斜交旋转法。

从表 5-3 来看，每一维度与其他维度若至少有一项绝对值高于 0.50 的积差相关系数，表明此两维度具有很好的密切性。若某一维度与其他维度存在至少一项绝对值高于 0.20 的积差相关系数，则表明此两维度的密切程度一般。(1 与 4 的积差相关系数为 0.50，则所有题目皆适合进行探索性因素分析。1 与 4 积差相关系数绝对值为 0.50，密切程度较好；2 与 3 积差相关系数绝对值为-0.228，1 与 5 积差相关系数绝对值为-0.375，4 与 5 积差相关系数绝对值为-0.263，均大于 0.20，密切程度一般。) 总体上来说，问卷效度较好。这与学者安吉尔（Angell）采用"主轴因子分析法"与"斜交旋转法"研究美国高职院校学生学情调查工具结构效度取得的结果一致，表明该工具及文化适应调整后的工具对学生学情的调查及学业成就的测量等具有实际意义。❶

五、调查工具开发相关经验与结论

（一）相关经验

本问卷是对美国高职院校学生学情调查工具进行的文化适应和检验，问卷工具开发的过程实际上也是构建本土化高职院校学生学情调查的一次有益尝试。从试测检测结果看来，效果还是令人满意的。综合调查工具开发过程中的经验，具体体会如下。

首先，国内高职院校应该完善过去的教学质量评估策略，重视对于学生学业成就及相关影响因素的直接评估。这将为高职院校优化教育资源，改进和提高教学质量提供助力。

其次，无论是在理论研究还是在实际操作层面，美国在高职院校学生学情调查方面都建立了较为成熟的评价体系，这为完善我国高职院校评估体系，启动高职院校学生学情调查工具的本土化，开展高职院校学情调查奠定了基础。同时，无论是调查问卷本土化，还是今后开展高职院校学生学情调查工作，都应该坚持从我国高职院校实际情况出发，不能脱离我国文化传统和高等职业教育发展实际，否则将失去本土化的意义。当然，高职院校学生学情调查问卷的开发只是迈出了高职院校学生学情调查的第一步。

接下来，本研究将根据我国高职院校实际情况，选择样本，开始对各

---

❶ Angell, L. Construct Validity of the Community College Survey of Student Engagement [J]. Community College Journal of Research and Practice, 2009(33).

层次、各地区、各年级高职院校学生学情进行调查，探究我国高职院校学生学习参与现状，针对当前存在的问题进行深入分析，并提出改进建议，从而为高职院校内部质量保障体系的完善和教育决策提供借鉴。❶

(二) 结论与探讨

从我国高职院校学生学情调查问卷试测数据检验结果来看，美国高职院校学生学情调查工具经修订后的五大维度指标信度和效度较好，符合研究要求，可以使用本土化后的工具对我国高职院校学生开展学情调查研究。同时，与美国原版调查工具相比，调整后的工具五大维度指标总体信度有一定程度的提高，结构效度与原工具一致。因此，可以在中美高职院校相关研究间进行比较分析。

高职院校学生学情调查问卷是在对美国原版调查工具汉化后形成的，尽管试测后检验有较好的信度和效度，但仍存在一定的不足，如部分维度结构效度不高，密切程度一般。建议未来研究中根据需要和条件，进一步完善相关指标，使调查工具更趋完善。

---

❶ 傅承哲. 本土化学生学习调查工具的开发初探[J]. 复旦教育论坛,2012(5).

第六章 高职院校学生学情现状调查与分析

第一节 研究方法及过程说明

为了解我国高职院校学生参与学习活动的真实情况和对有关问题的态度倾向，践行以"学生为本"的教育思想，本调查基于学生学习参与的视角，使用我国高职院校学生学情调查问卷，在我国东部、中部和西部地区选取了6所高职院校的1600名学生进行问卷调查。调查取得了调查研究的第一手资料，形成了定量数据库，成为调查研究的重要实证基础。下面将分几个方面对这些问卷调查数据的取得及统计处理等问题进行简单说明。

一、研究对象与研究内容

本调查在研究性质上属于一项定量实证研究，通过抽样和问卷调查的方式收集当前高职院校学生关于学情有关问题的实证资料，力图掌握翔实、准确的信息，反映当前我国高职院校学生学情的真实情况。

根据抽样和问卷调查资料的性质，调查获得的资料主要为定量数据。这些数据使用定量的统计分析手段，一方面可以对样本总体进行探索性、描述性的定量研究；另一方面可以通过统计模型在某些方面进行更深入的解释性研究。在一定程度上，这两方面的研究成果可以推论到我国高职院校总体。

研究中采用的标准化问卷也可以为后续的研究提供借鉴和参照，也因此兼顾了静态和动态研究两方面的结合，可以进一步考察高职院校学生学习参与在时间维度上的变化情况。

本调查在参考美国高职院校学生学期调查问卷的基础上，修订设计了《我国高职院校学生学情调查问卷》，问卷共 27 道题。分为两个部分，第一部分为基本信息，主要包括调查对象所在院校、专业、年级及其他个人基本情况；第二部分为学生学习参与情况调查，主要调查学生在校师生互动质量、学生学业挑战程度、主动合作学习水平、学习努力程度、教育环境支持度、学习效果、满意度等方面内容；为了有效改进学生学习环境，促进学生在学业方面取得更大成绩，问卷最后设计了开放题，以便有助于结合问卷调查结果深入分析发现的问题，寻找问题产生的原因并得出研究结论。

二、抽样方案

结合我国各地区经济发展水平及高职院校发展现状，调查选取了 6 所高职院校；根据我国高职院校的性质分类情况，选取了 5 所公办院校、1 所民办院校；根据地域分布情况，选取了东部地区高职院校 4 所，中部地区 1 所，西部地区 1 所。

学生样本量的确定，也采取类似的方式，主要依据各院校学生人数、学生专业类别情况等确定各院校应发放的数量，并在各院校不同专业内随机抽样，共发放学生问卷 1600 份。

三、调查过程

调查问卷的发放，由研究者根据抽样方案选定的高职院校，由这些学校中的相关教师协助在校园内进行随机抽样，发放调查问卷，由学生自行填答。

调查工作于 2015 年 3 月开始，至 2015 年 4 月结束，具体操作是调查组选择样本高职院校的教师进行培训，并通过他们在其学校内组织调查活动。在调查过程中共发放学生问卷 1 600 份，回收有效问卷 1529 份，回收率为 95.6%，研究者在整个调查过程中实施监控和抽样复核，剔除了部分不合格问卷，保证了样本的真实性。

四、问卷资料整理

2015 年 4 月，问卷全部回收后开始问卷整理和审核工作。问卷整理采用了编制问卷编号的方式，将问卷按一定顺序统一编上序号，每个序号对应一份调查问卷，这样可将问卷数据与被调查学生的基本信息联系起来用于数据分析，也方便进行数据追踪。整理审核后的有效问卷通过数据录入软件进行录入，录入完毕后进行了专门的数据清理工作，并导出形成 SPSS 统计软件包的数据格式。形成调查数据库，采用 SPSS18.0 版进行统计处理。

第二节　调查样本的基本信息

调查在北京、安徽和陕西三个省市的 6 所高职院校展开。经过数据筛选共得到有效样本数据 1529 份，样本调查的基本信息包括就读院校、专业、年级、性别、年龄、家庭居住地和父母受教育程度等信息。

一、学校与专业情况

（一）调查样本学校分布

为了更全面地调查我国不同性质、不同经济发展水平地区高职院校学生学情，调查样本来自 6 所高职院校，按学校性质区分，A、B、C、E、F

为公办高职院校，D 为民办高职院校；再按高职院校地域区分，A、B、C、D 为东部地区，E 为中部地区，F 为西部地区高职院校。具体样本分布情况如表 6-1。

表 6-1 调查样本学校分布表

院 校	频 次	有效百分比（%）
A	356	23.3
B	107	7.0
C	102	6.7
D	292	19.1
E	370	24.2
F	302	19.7
合计	1529	100.0

（二）调查样本专业类别

按照调查样本专业类别区分，调查样本中文科类专业占 41.7%，理科类专业占 44.2%，艺术类专业占 14.1%。

表 6-2 调查样本专业分布表

学 科	频 次	有效百分比（%）
文科类	637	41.7
理科类	676	44.2
艺术类	216	14.1
合计	1529	100.0

（三）调查样本年级分布

从年级分布情况看，调查样本中，一年级学生 504 人，二年级学生 685

人，三年级学生 340 人。具体见图 6-1。

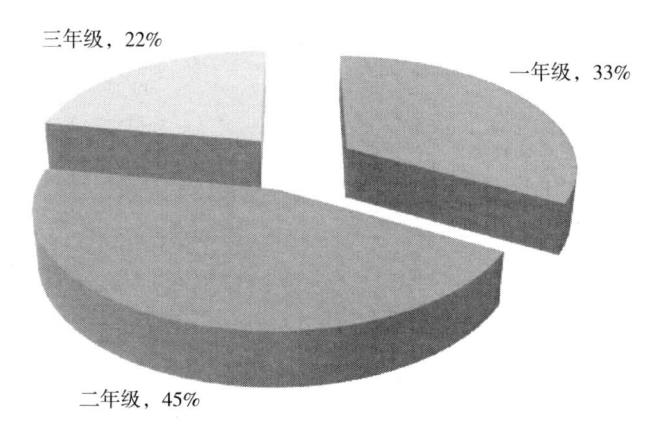

图 6-1　样本年级分布图

二、个人与家庭基本情况

（一）性别比例

从男女性别情况看，调查样本中男生 672 人，占 44%；女生 857 人，占 56%。具体见图 6-2。

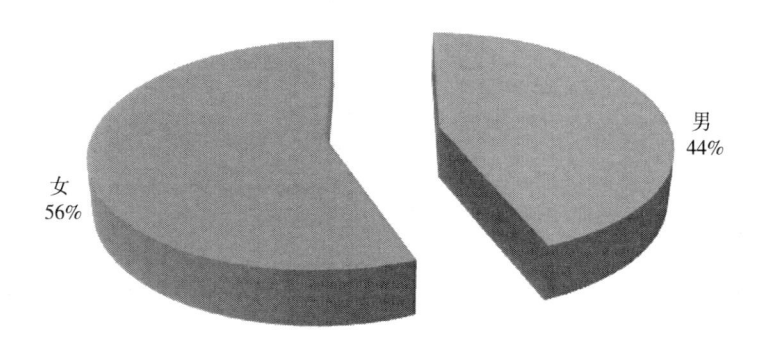

图 6-2　样本性别分布图

(二) 年龄分布情况

从调查对象年龄看，调查对象平均年龄为20.1岁，其中最小的16岁，最大的24岁。20岁人群人数最多，占调查对象总数的43.43%。见表6-3。

表6-3 调查样本年龄分布表

年　龄	频　次	有效百分比（%）
16	3	0.20
17	8	0.52
18	109	7.13
19	294	19.23
20	664	43.43
21	276	18.05
22	126	8.24
23	43	2.81
24	6	0.39
合计	1529	100.00

(三) 居住地分布情况

为了解城乡调查对象学情状况是否存在差异，问卷调查了调查对象家庭居住地情况。从调查总体数据看，两者持平，居住在农村或乡镇的770人，占调查对象总数的50.36%；居住在城市的759人，占49.64%。但分地区看，调查对象农村或乡镇人数占总人数比例从东部地区向中部地区、西部地区逐渐增加。调查对象城市人数占总人数比例从东部地区向中部地区、西部地区逐渐降低，具体情况见表6-4和图6-3，这与我国各区域经济发展情况及城镇化进程相互印证。

表 6-4 调查样本家庭居住地分布表

地　　区	家庭居住地	频次	有效百分比（%）
东部地区	农村或乡镇	246	28.70
	城市	611	71.30
中部地区	农村或乡镇	282	76.22
	城市	88	23.78
西部地区	农村或乡镇	242	80.13
	城市	60	19.87
小计	农村或乡镇	770	50.36
	城市	759	49.64

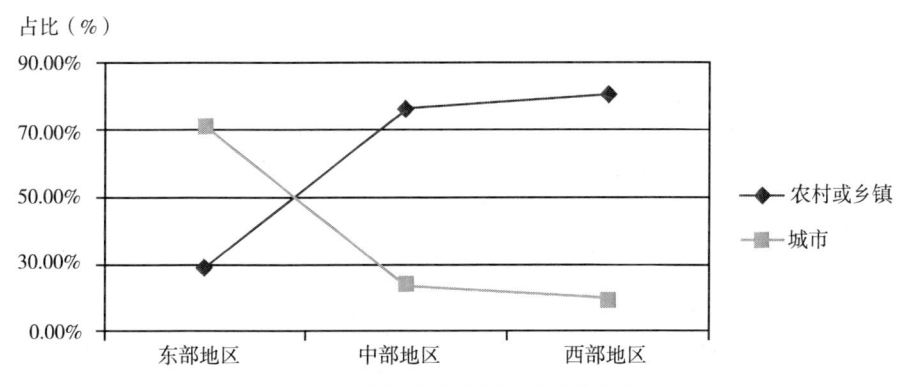

图 6-3 调查样本家庭居住地分布折线图

（四）父母亲最高学历情况

1. 总体情况

从父母最高学历统计情况看，调查样本中 29.2% 的学生父亲为大专及以上学历，70.8% 为高中及以下学历；28.8% 的学生母亲为大专及以上学历，71.2% 为高中及以下学历。由此可见，高职院校学生家长最高学历中占主体地位的是高中及以下学历，父母亲占比均在 70% 以上。具体见表 6-5 和图 6-4。

表 6-5 父母亲最高学历统计表

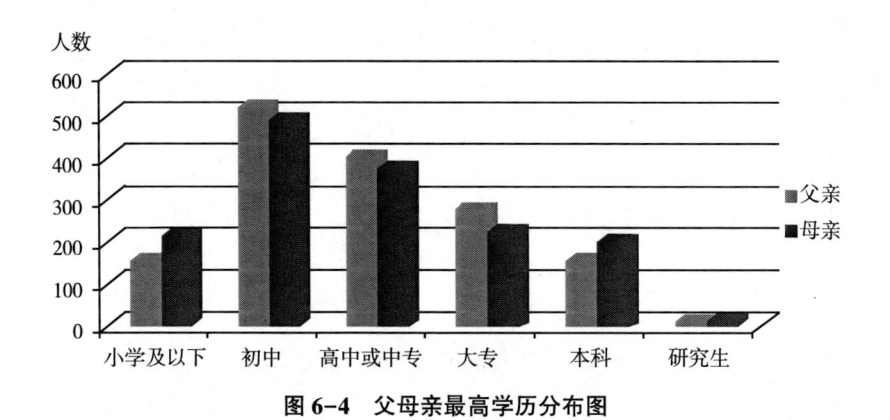

学 历	频 数 父亲	频 数 母亲	有效百分比（%）父亲	有效百分比（%）母亲
小学及以下	156	216	10.2	14.1
初中	523	494	34.2	32.3
高中或中专	404	378	26.4	24.7
大专	278	226	18.2	14.8
本科	157	202	10.3	13.2
研究生	11	13	0.7	0.9
合计	1529	1529	100.0	100.0

图 6-4 父母亲最高学历分布图

2. 分区域情况

从父母亲最高学历分区域、分层次统计数据看，父母亲最高学历为高中或中专以上学历层次的东部地区达到 74% 以上，中部和西部地区约 30%；父母亲最高学历为初中及以下学历层次的东部地区不到 30%，而中部和西部地区约 70%。从父母亲最高学历所占比例情况看，东部地区高中或中专比例最高，占比30%以上，中部和西部地区初中比例最高，占比均在40%以上。由此可见，从父母受教育程度看，东部地区父母亲最高学历层次明显高于中部和西部；从父母亲接受高等教育比例情况看，中部地区高于西部地区；父母亲最高学历层次所占比重在各区域内相近。具体见表6-6，图6-5和图6-6。

表6-6 父母亲最高学历分区域统计表

学 历	频 数						有效百分比（%）					
	父亲			母亲			父亲			母亲		
	东部	中部	西部	东部	中部	西部	东部	中部	西部	东部	中部	西部
小学及以下	29	87	40	40	110	66	3.4	23.5	13.2	4.7	29.7	21.9
初中	185	180	158	182	161	151	21.6	48.6	52.3	21.2	43.5	50.0
高中或中专	259	64	81	270	48	60	30.2	17.3	26.8	31.5	13.0	19.9
大专	241	24	13	176	30	20	28.1	6.5	4.3	20.5	8.1	6.6
本科	137	10	10	179	18	5	16.0	2.7	3.3	20.9	4.9	1.7
研究生	6	5	0	10	3	0	0.7	1.4	0.0	1.2	0.8	0.0
合计	857	370	302	857	370	302	100.0	100.0	100.0	100.0	100.0	100.0

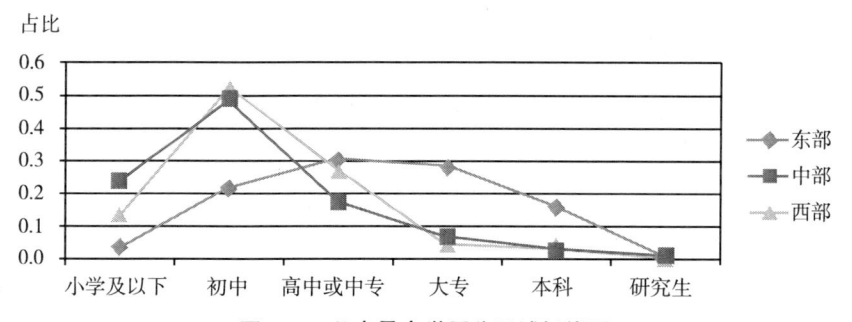

图6-5 父亲最高学历分区域折线图

图 6-6　母亲最高学历分区域折线图

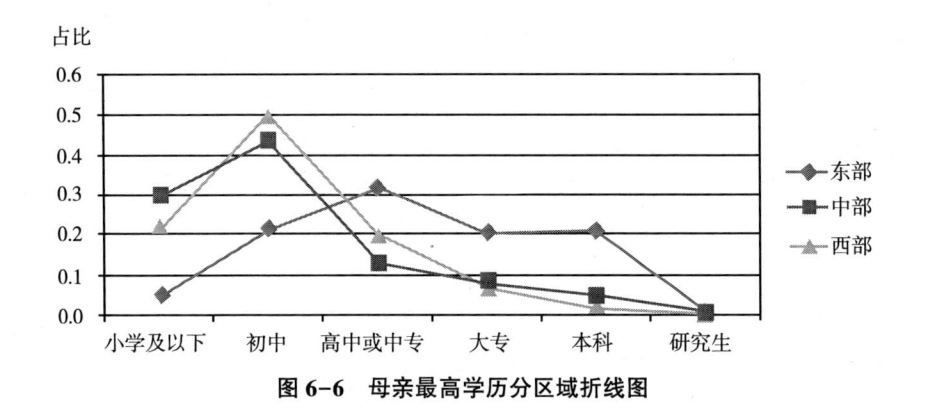

第三节　调查样本的学情状况

高职院校学生的学情状况包括学生学习参与各维度，此外还涉及学生学习效果、满意度、学习态度等方面内容，涵盖了受教育者、教育者以及教学内容、教学手段和教学环境等教育活动的基本要素。

一、五个维度的基本情况

基于高职院校学生学情调查理论，本调查主要从师生互动质量、学生学业挑战程度、学生主动合作水平、学生努力程度以及教育环境支持度五个维度对学生学习参与情况进行调查。

（一）师生互动质量

师生互动评价指标主要调查在教学活动中教师与学生之间沟通、探讨、反馈的质量，旨在测量学生与教师开展讨论和进行沟通等活动的程度。从师生互动质量的各项指标来看，当前高职院校学生师生互动的质量一般，半数以上的学生与教师、同学不经常交流，师生之间的互动偏少。其中，"学习表现得到教师及时反馈"达到"时常"及以上频率最高，比例达到

40%以上；而"参与老师组织的课程以外的活动"质量最低,"有时"及以下比例为70.6%,说明学生极少参加教师组织的课外活动。见表6-7。

表6-7 师生互动质量维度基本情况 单位:%

指标	从不	有时	时常	常常
使用电子邮件与老师沟通信息	13.6	48.5	28.9	9.0
和老师讨论自己的成绩及作业问题	11.4	49.3	30.8	8.5
和老师讨论自己的职业规划问题	12.8	50.7	28.3	8.1
课外与老师讨论阅读或课堂中的问题	12.2	50.6	27.2	10.1
学习表现得到教师及时反馈（书面或口头）	8.3	51.0	30.9	9.7
参与老师组织的课程以外的活动（如社团等）	11.9	58.7	20.4	9.0
与城乡、民族、家庭背景不同的同学深入交流	8.8	51.0	30.7	9.5
与宗教观、政治观或价值观不同的同学深入交流	10.3	50.4	29.1	10.1

(二) 学业挑战程度

学业挑战程度包括课程认知目标达成情况、阅读或写作量、考试挑战程度、学习投入时间以及达到教师要求的努力程度等指标。从调查数据来看,高职院校学生学业挑战程度不高。

1. 课程认知目标达成度

课程是学校教育的重要载体,课程目标的设定直接服务于教育目的的实现。它体现了学校和教师对课程内容实现何种认知过程目标的具体要求这一基本问题的价值判断,并将教育目的、课程目标、课程内容以及对学生学习表现的预期联结起来。通过数据分析可以看出,高职院校现行课程中要求学生达成认知目标程度处于"一些"的程度比例最高,均在50%左右,这在一定程度上反映出高职院校对学生的学业挑战程度要求偏低。

表 6-8　课程认知目标达成情况　　　　　　　　　　　单位:%

指　　标	很少	一些	许多	非常多
记忆所学课程或阅读中的事实、观点或方法	8.7	54.7	30.6	6.0
分析某个观点、技能或理论的基本要素，了解其构成	8.6	47.3	38.0	6.0
综合不同观点、信息或经验，形成新的、更复杂的解释	10.0	51.8	29.5	8.7
判断所学信息、论点或方法的价值	9.3	48.1	34.6	8.0
运用所学知识解决实际问题，或将其运用于新的情境	8.6	52.6	30.8	8.0

（1）不同地区院校学生在课程认知目标上的比较

由图6-7可知，高职院校现行课程中要求学生达成认知目标总体均值中，"记忆""综合""运用"三个指标均未达到基准要求，"分析""判断"两项指标稍高于基准。由此可见，课程认知目标无论是高阶还是低阶阶段均偏低。反映在不同地区，东部地区高职院校各项指标均低于总体均值，中部和西部地区高职院校各项指标均高于总体均值，其中中部地区高职院校在"记忆""综合""判断"三项指标上均高于西部地区高职院校。

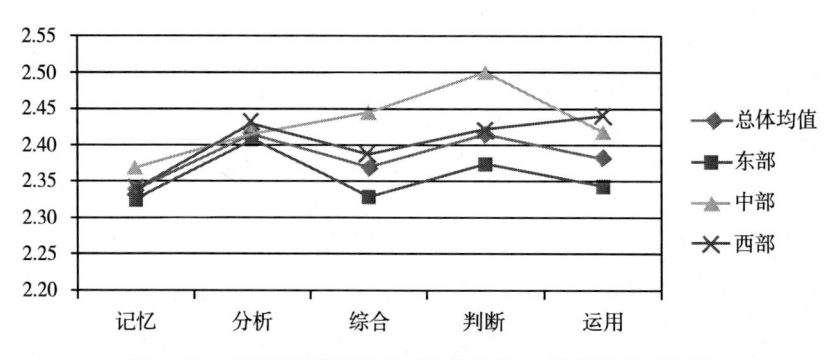

图6-7　不同地区高职院校学生课程认知目标达成折线图

通过方差分析对不同地区高职院校在课程认知目标上表现的差异进行检验（见表6-9），结果显示，东中西部高职院校在"综合""判断"两个指标上存在显著组间差异，而在"记忆""分析""运用"三个目标上不存在显著组间差异。采用 LSD 法进行两两比较,结果显示,在"综合""判断"两个目标上,中部地区高职院校得分显著高于东部地区院校(P<0.05)。这表明,中部地区高职院校在这两项目标上强调程度高于东部地区;但东部地区、中部地区与西部地区高职院校间不存在显著差异。

表 6-9 不同地区高职院校学生课程认知目标差异显著性检验

组间差异	平方和	自由度	均值平方	F 值
记忆	0.485	2	0.243	0.469
分析	0.123	2	0.061	0.115
综合	3.661	2	1.830	3.022*
判断	4.082	2	2.041	3.473*
运用	2.756	2	1.378	2.429

注:* P<0.05。

(2) 不同专业学生在课程认知目标上的比较

高职院校是围绕着专业建立起来的,为了解不同专业对学生认知目标达成上的要求,研究者对不同专业学生在认知目标各要素的感知进行了调查分析。从下图可以看出,各专业对"记忆""运用""综合"这三个认知目标的强调程度相对较低,而对"分析""判断"的要求程度相对较高。总体来看,文科类专业在五项指标上的要求相对较低。三类专业在"记忆""运用"上的差异较小,而在"综合""判断""分析"目标上的差异较大,在"综合"目标上的要求专业差异最大,艺术类专业对此目标要求较高,而其他专业要求相对较低。通过方差分析对不同专业在课程认知目标上表现的差异进行检验,结果显示,不同专业在五项指标上不存在显著差异(P>0.05)。具体见图 6-8。

高职院校通过设置不同专业的课程并在教学过程中实施而使不同专业的知识和技能得以体现,从而实现高等职业教育人才培养目标。但通过访谈发现，无论是不同学校的相同专业还是同一学校的不同专业，其课程设置和实施都并非是专业要求的应然状态，而是各学校和专业在考虑自身所拥有的教育资源等实际情况和专业培养目标而设定并实施的，因此课程要求留下了深深的学校烙印。尽管如此，调查结果还是体现了不同专业在课程认知目标上的总体差异，由于文科类专业更加侧重个人的综合素质、人文素养、社会责任感和人际交往能力，因此在课程认知目标上的要求相对较低；而艺术类专业更重视个性的发展，以及个人的综合能力和创新能力，因此对"综合"认知目标的要求很高。

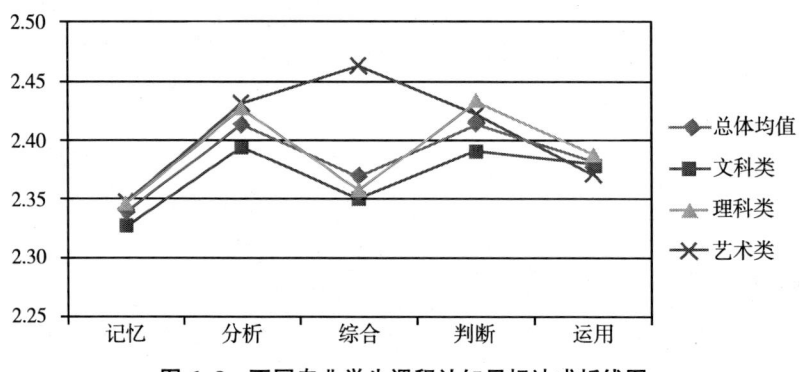

图 6-8　不同专业学生课程认知目标达成折线图

（3）不同年级在课程认知目标上的比较

从图 6-9 可知，各年级在"记忆""分析""综合""判断""运用"五项认知目标上呈现波折式变化趋势。除了大学一年级"分析"目标外，其他各项指标随着年级增加强调程度也不断增加。相比之下，大学一年级认知目标强调程度最低，大学三年级各项认知目标要求程度最高。

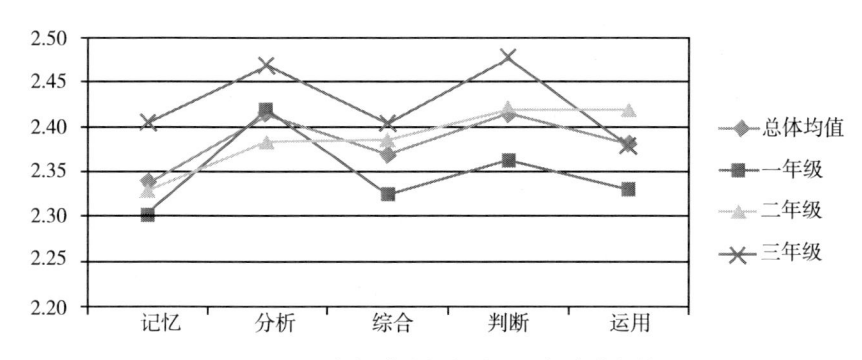

图 6-9　不同年级学生课程认知目标达成折线图

通过方差分析对不同年级学生在课程认知目标上表现的差异进行检验（见表6-10），结果显示，不同年级学生在"记忆""判断"两个指标上存在显著组间差异。而在"分析""综合""运用"三个目标上不存在显著组间差异。采用 LSD 法进行两两比较，结果显示，在"记忆""判断"两个目标上，三年级学生得分显著高于一年级（$P<0.05$），表明三年级在这两个目标上的强调程度高于一年级；但一年级、三年级与二年级学生间在这两项目标上不存在显著差异。

表 6-10　不同年级学生课程认知目标差异显著性检验

组间差异	平方和	自由度	均值平方	F 值
记忆	2.125	1	2.125	4.116*
分析	0.487	1	0.487	0.910
综合	1.284	1	1.284	2.115
判断	2.610	1	2.610	4.434*
运用	0.469	1	0.469	0.826

注：* $P<0.05$。

2. 阅读和论文写作情况

研究也希望通过学生的阅读和论文写作情况来观察高职院校学生的学

高职院校学生学情研究：基于学习参与视角的实证调查

业挑战程度。从图 6-10 和图 6-11 可以看出，大部分学生阅读的指定教材、自主阅读的书籍和撰写的论文都集中在 0～5 本（篇）这个水平。这可以在一定程度上说明其实高职院校学生的阅读和论文写作要求不高，也反映高职院校学生的学业挑战程度不高。

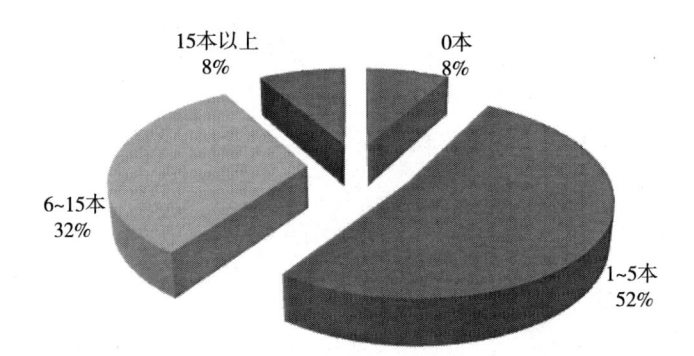

图 6-10　本学年阅读指定教材、学习指导书、参考书目比例图

从图 6-10 数据可以看出，52% 的学生本学年阅读指定教材、学习指导书和参考书目的数量为 1～5 本，32% 的学生阅读量为 6～15 本，有 8% 的学生未阅读相关书目。由此可见，多数学生的阅读量较少。

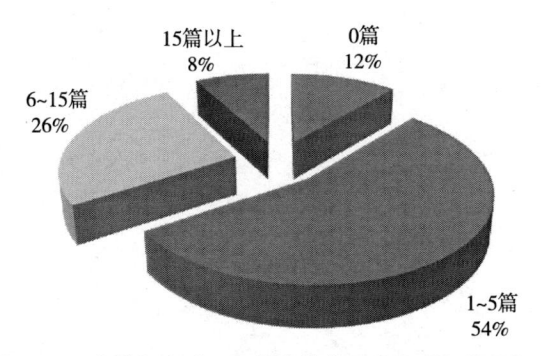

图 6-11　本学年完成不限长度的书面论文或报告比例图

从图 6-11 数据可以看出，66% 的学生本学年完成了 0～5 篇不限长度的书面论文或报告，完成 6 篇及以上的仅为 34%。这一数据说明，当前高职院校对学生的书面论文或报告要求不高。

3. 考试的挑战程度

本次研究通过观察高职院校学生对考试的挑战程度的评价来反映高职院校学生学业挑战程度。如图6-12所示，学生认为本学年考试挑战程度为一般及以下四个选项的比例为61.4%，认为不容易及以上的为38.6%。这表明，高职院校的考试对学生的挑战程度其实不是很大，也进一步说明了高职院校学生的学业挑战程度不是很高。

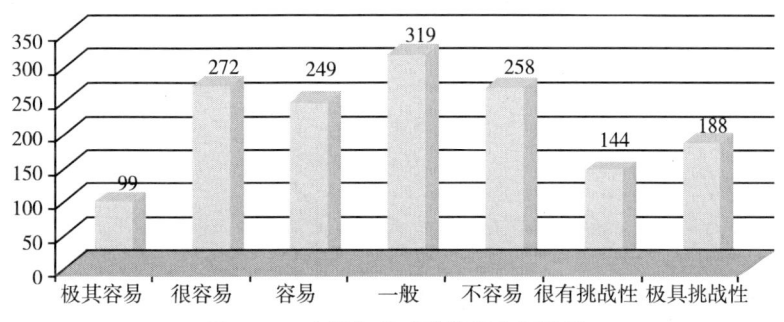

图6-12 本学年考试挑战程度频数图

4. 学生在学习上的时间投入

学生在学习上投入时间的数量和学生的学业成就呈正相关关系，即学生投入学习的时间越多，相对来说学生就会取得更优异的成绩。从数据来看，学校十分重视鼓励学生在学习活动中投入更多时间，但学生的时间分配并未显示出在学习上的倾斜。

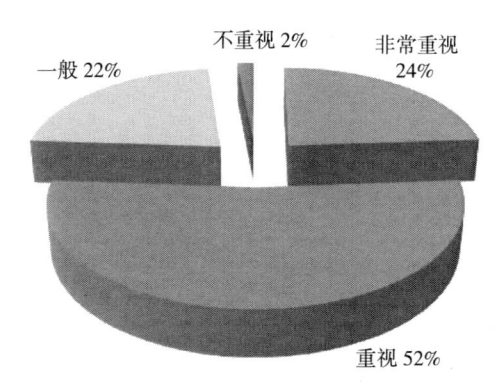

图6-13 学校鼓励学生投入时间进行学习比例图

从图 6-13 可以看出，76%的学生认为学校重视或非常重视鼓励学生投入时间从事学习活动，仅有 2%的学生认为学校不重视。由此可见，各学校十分重视学生的学习，鼓励学生投入更多时间进行学习活动。

表 6-11　学生每周从事活动时间分布统计表

活　　动	0 小时	1~8 小时	9~16 小时	16 小时以上
课前准备（如预习、复习、做作业等）	15.1	60.4	16.3	8.2
打工赚钱	25.1	43.0	23.2	8.6
到社区街道、企（事）业单位实习	31.6	44.4	17.6	6.4
参加课外活动	17.1	51.1	23.9	7.9
照顾父母及其他家庭成员	19.6	47.5	22.4	10.5

从学生每周开展有关活动的时间来看，学生在课前准备、课外活动、实习等的时间上并没有明显的倾斜现象，多数学生每周从事这些活动的时间均不到 8 小时。数据在一定程度上显示出当前高职院校学生学习时间投入不够。具体见表 6-11。

5. 达成教师期望程度

通过努力学习达到教师的要求和期望是学生取得理想学业成绩的前提，也是学生敢于迎接学业挑战的表现。从统计数据看，在"时常"程度以上经过努力达到教师要求的学生占调查对象的 48%，52%的学生"有时"甚至"从不"达到教师的要求或期望。由此可见，学生迎接学业挑战努力不够，满足教师期望的程度不高，这也与学生投入学习的时间相互印证。

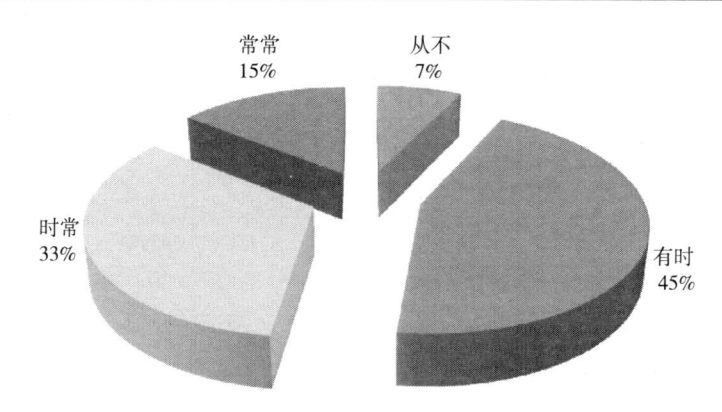

图 6-14 本学年学生达成教师期望程度比例图

（三）主动合作学习水平

主动合作学习水平调查内容主要包括学生在课堂上的学习行为、课堂外学习行为及课外学习互助行为三个方面，旨在通过测量学生对课堂内外主动、积极地投入合作学习的程度，综合考察这三类行为以反映高职院校学生学习生活全貌，以便体现学生学习投入和学生发展状况。从表6-12的结果来看，高职院校学生主动合作学习水平占比最高的频率为"有时"，均为50%左右，因此，高职学生主动合作学习水平总体不高。另外，学生在课堂上主动提出问题或参与讨论以及在课堂上做口头展示或汇报的频率达到时常及以上的最低，均未达到27%；而频率为从不的比例最高，约14%。与之相反，学生从不在课堂上和同学一起合作完成学业任务的比例最低，为5.6%，而这一指标达到时常及以上水平的比例最高，为51.4%。由此可见，同学们更愿意选择在课堂上主动和同辈合作完成作业，而不愿意在课上主动提出问题或公开展示。

表 6-12 主动合作学习水平维度基本情况

指　　标	从不	有时	时常	常常
课堂上主动提出问题或参与讨论	13.8	62.4	17.7	6.1

续表

指　　标	从不	有时	时常	常常
课堂上做专题口头公开展示或汇报	14.3	59.0	22.3	4.4
在课堂上和同学一起合作完成学业任务	5.6	43.0	36.2	15.2
课外和同学一起合作完成老师布置的作业	6.2	45.4	35.8	12.6
在学业上帮助或辅导其他同学	6.9	53.2	30.0	10.0
作为日常教学的一部分，参与社区街道等社会服务	10.1	53.6	26.6	9.7
使用网络媒介（如 QQ、BBS 等）讨论或完成作业	10.5	46.2	30.1	13.1
课外与他人（同学、家庭成员等）讨论学习的问题	7.5	50.8	33.9	7.9

1. **课上学习行为**

课上学习行为综合考查学生课堂学习的主动性，研究通过本学年学生课堂主动提问或参与讨论、课堂展示与报告以及课堂合作完成作业三个指标，对高职学校学生课堂上的主动合作学习进行测量。如表6-12所示，结果发现，大部分同学在这三个指标上都在"有时"这个水平，而且课堂讨论和课堂展示与报告在"有时"这个水平上均约60%。这说明高职院校学生在课堂上的主动合作学习水平不高。

2. **课下学习行为**

课下学习行为主要测量学生课堂之外自主学习的投入水平，既可以体现学生的学习自主性，也能较好地评价学校和教师教学要求和时间对学生学习的影响。研究通过课下与同学合作完成作业、参与社会服务、使用网络媒介完成作业以及课下问题讨论四个指标，对高职学校学生课堂上的主动合作学习进行测量。结果发现，绝大部分同学在这三个指标上都在"有时"这个水平，而且参与社会服务以及课下问题讨论在"有时"这个水平上已经超过了60%。这说明高职院校学生在课下的主动合作学习水平处于偏低的状态。这一数据也与前文中每周从事有关活动的时间相互印证。

3. 课下学习互助行为

除了课堂和课下合作学习情况外，学生的学习互助水平也是主动合作学习水平的一个重要指标。测量发现在学习互助水平上，大部分学生也选择了"有时"这个水平，这表明在学习互助水平上也处于偏低的水平。

（四）学习努力程度

学生学习努力程度是影响学生学业成就的关键要素，为全方位地调查学生在校期间学习努力程度，研究主要从学生作业完成质量、自主阅读数量、课前准备时间、学习指导服务及教学设施使用频次等方面来考察高职院校学生的学习努力程度。从调查数据来看，高职院校学生基本上能完成相关作业，但其他方面学习努力程度不够。

1. 学生作业完成情况

研究通过作业修改两次以上、完成独立思考作业以及课前完成规定作业情况三个指标对高职院校学生作业完成状况进行测量。结果发现，大部分同学在"作业修改两次以上""完成独立思考或收集多方信息的作业"这两个指标上都在"有时"这个水平，从不这样做的均未达到10%；而课前能基本完成规定作业学生占比72.8%，常常没有完成作业的为6.1%，这说明其实高职院校学生基本上能够按规定完成课前有关作业，但对作业的独立思考和主动修改不够。具体见表6-13。

表6-13 本学年作业完成情况

作业完成情况	从不	有时	时常	常常
作业修改两次以上	9.9	53.0	29.4	7.7
完成独立思考或收集多方信息的作业	8.6	46.6	33.8	11.0
课前没有完成规定作业	24.5	48.3	21.1	6.1

2. 学生自主阅读书籍数量

学生根据个人爱好或兴趣而自主阅读书籍的数量也在一定程度上反映

了学生的努力程度。从图 6-15 的数据可以看出，57%的学生本学年自主阅读书目数量为 0~5 本，这一数据凸显出当前高职院校学生阅读量偏低的问题，也从一个侧面反映出当前高职院校学生学习努力程度不够。

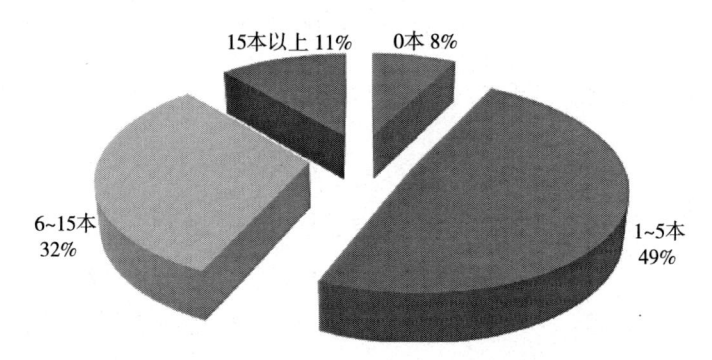

图 6-15 本学年学生自主阅读书目数量比例图

3. 课前准备用时情况

表 6-11 中"课前准备用时情况"显示，15.1%的学生每周课前准备 0 小时，60.4%的学生每周课前准备时间为 1~8 小时。这个数据也在一定程度上显示出高职院校学生的学习投入和努力程度较低。

4. 教学设施和服务使用频率

高职院校学生对学习指导服务、计算机房及实训室等教学设施的使用频率，在一定程度上也能反映出学生的努力程度。如表 6-14 所示，通常使用学习指导服务的学生比例为 18.1%，有 28.1%的学生很少、从不或不知道使用学习指导服务。众所周知，近年来高等教育已进入大众化阶段，高职院校学生生源质量不高是不争的事实。因此，他们不是不需要学习指导服务，而是不愿意接受学习指导服务，这在一定程度上说明学生的努力程度不够。同时，有 33.1%的学生很少、从不或不知道使用实训室等教学设施，通常使用的比例仅达到 20.9%。高职院校的人才培养目标是面向经济社会发展和生产服务一线培养高素质劳动者和技术技能型人才，这一调查数据在一定程度上说明学生的努力程度不够。

表 6-14 教学设施和服务的使用频率

指 标	通常	有时	很少/从不	不知道
学习指导服务	18.1	53.8	22.4	5.7
计算机房、实训室等教学设施服务	20.9	46.0	26.5	6.6

（五）教育环境支持度

教育环境支持度调查内容主要包括：学校为学生取得理想成绩和就业提供的支持，帮助学生解决经济、人际交往以及非学业方面的问题，以便学生顺利完成学业和就业，旨在测量教育环境能否对提供学生学业成就提供支持和帮助。从调查数据结果来看，学生对学校为他们提供支持帮助的重视程度认可度较高，但学生使用学校提供各类服务的频率不尽如人意，高职院校学生对教育环境支持度的评价处于中等偏上水平。

1. 学校为学生提供支持帮助的重视程度

表 6-15 学校为学生提供支持帮助的重视程度

指 标	非常重视	重视	一般	不重视
为学业成功提供支持与帮助	21.6	52.2	23.7	2.4
鼓励不同城乡、民族、家庭背景的学生相互交流	18.6	48.9	28.5	4.0
帮助学生处理来自家庭等非学业方面的事务	17.2	46.4	31.6	4.8
为应对人际交往或情感问题提供帮助	18.1	46.0	30.8	5.0
为完成学业提供经济援助	19.0	48.4	27.9	4.6

学校对能为学生提供支持帮助服务的重视度从侧面反映出学生的教育环境支持度。由表 6-15 的数据发现，大部分被调查的学生认为高职院校对学生在学业支持、鼓励相互交流、来自家庭等非学业协助、人际交往帮助以及经济援助等活动的重视程度较高，认为学校不重视上述工作的比例均未超过 5%。由此可见，高职院校为学生提供支持帮助的重视程度较高。

2. 学生使用学校提供的各类服务情况

学生对学校提供的学习指导、职业规划咨询、就业指导以及经济援助咨询等服务的使用频次也能反映出教育环境支持度。通过表6-16的数据发现，大部分被调查的学生会使用学校提供相关服务，但是仍有4%~8%的学生并不知道这些服务的存在。

表6-16 学生使用学校提供的各类服务情况

指 标	通常	有时	很少/从不	不知道
学习指导服务	18.1	53.8	22.4	5.7
职业规划咨询服务	16.5	49.8	29.2	4.5
就业指导服务	16.5	51.1	25.7	6.7
贷款、奖（助）学金等经济援助咨询服务	17.6	48.7	26.4	7.3

（六）各维度总体情况

如表6-17所示，把师生互动质量、学业挑战程度、主动合作学习水平、学习努力程度、教育环境支持度这五个维度中的各个选项进行量化，计算所得分数的平均值，可以得到这五个维度的均值集中在2.3~2.8之间。经分析发现，各个维度间均值差异不大。

表6-17 各维度总体情况表

维 度	极小值	极大值	均值	标准差	方差
师生互动质量	1.00	5.25	2.3586	.53719	.289
学业挑战程度	1.00	4.20	2.6179	.46051	.212
主动合作水平	1.00	4.00	2.3949	.49606	.246
学习努力程度	1.43	4.00	2.5769	.36820	.136
教育环境支持度	1.22	3.78	2.7369	.42003	.176

注：调查对象为1529人。

从各维度的分数分布图来看，五个维度均大体呈现正态分布，详见

图 6-16 至图 6-20。[1]

图 6-16 师生互动质量直方图

图 6-17 学业挑战程度直方图

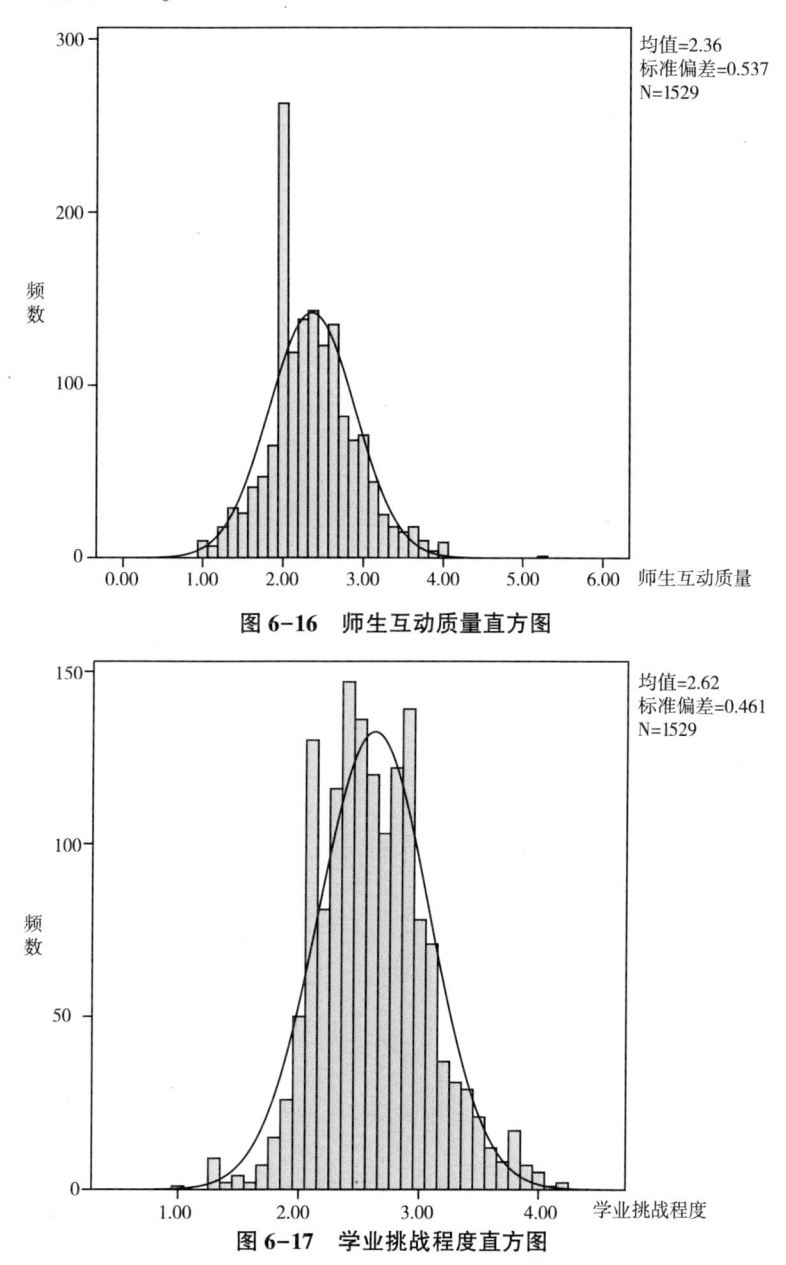

[1] 图 6-16 至图 6-20 中，调查对象 N 为 1529 人。

图 6-18 主动合作水平直方图

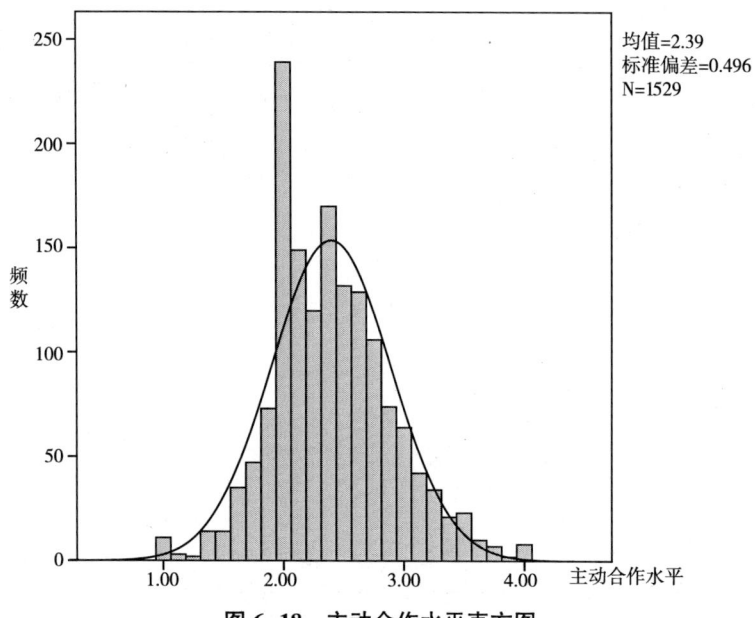

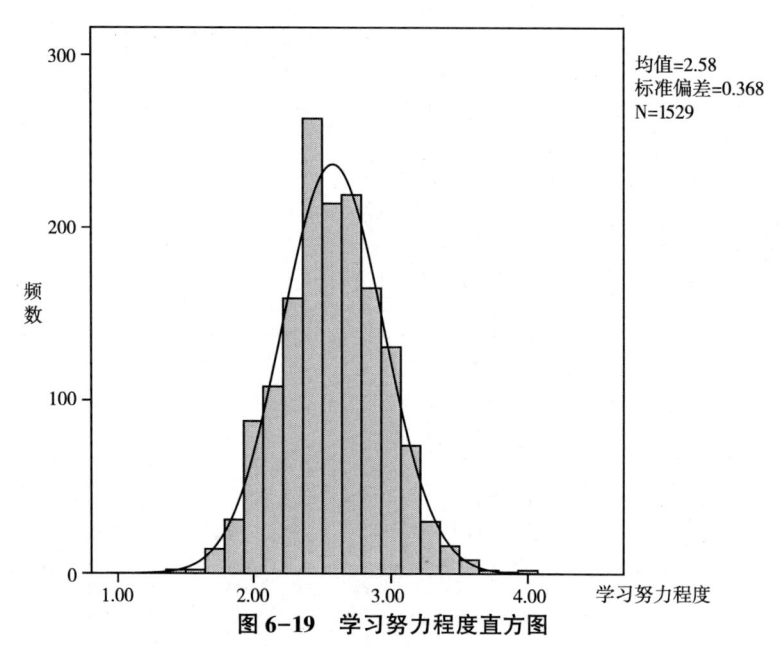

图 6-19 学习努力程度直方图

图 6-20 教育环境支持度直方图

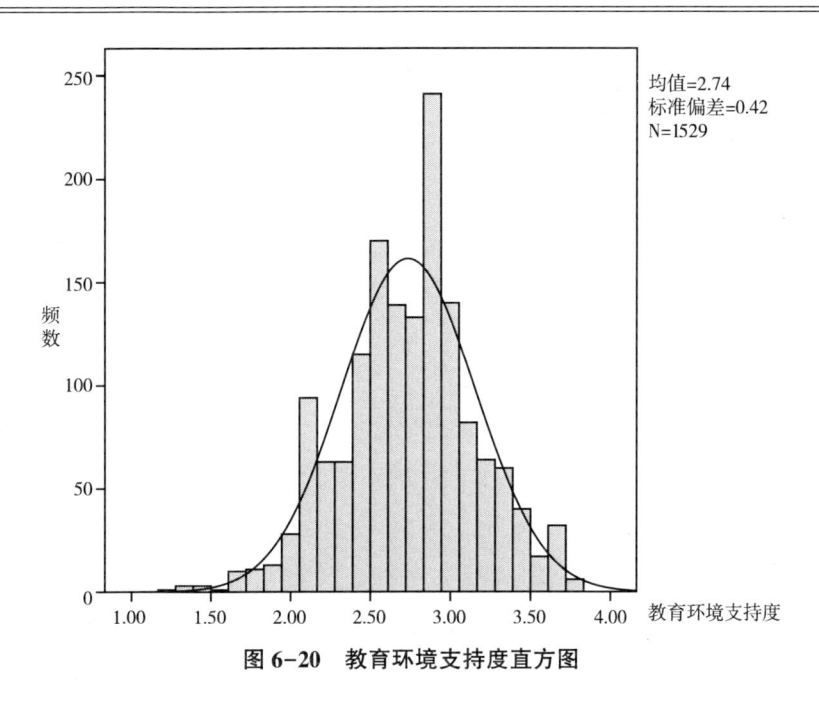

二、调查样本的成绩排名

成绩排名是体现上学期调查对象学业成绩的重要指标，通过它可以了解调查对象整体学业情况。从表 6-18 可以看出，被调查者成绩排名前 10% 的有 389 人，占调查总人数的 25.4%。成绩排名 10%~30% 的有 530 人，占调查总人数的 34.7%。成绩排名 30%~50% 的有 411 人，占调查总人数的 26.9%。成绩排名 50% 以后的人数为 199 人，占调查总人数的 13%。

表 6-18 调查对象的成绩排名情况

成绩排名	频次	有效百分比（%）
前 10%	389	25.4
10%~30%	530	34.7
30%~50%	411	26.9
50%~70%	131	8.6

成绩排名	频　次	有效百分比（%）
70%以后	68	4.4
合计	1529	100.0

三、调查样本的学习参与情况

（一）学生出勤情况

出勤率最高时段统计反映了学生的意愿，能体现学生在某个时段学习效率较高。从表6-19可以看出，被调查者中，上午出勤率最高的人数为752人，占调查总人数的49.2%；下午出勤率最高的为499人，占调查总人数的32.6%；晚上出勤率最高的为278人，占18.2%。因此，将课程安排在上午出勤率会相对较高。

表6-19　学生出勤率最高的时间段

时　间　段	频　次	有效百分比（%）
上午	752	49.2
下午	499	32.6
晚上	278	18.2
合计	1529	100.0

（二）对学习效果的评价

学习效果是学生接受高等职业教育经历过程中自身得到发展和提高的表现，学生对自己学习效果的好与坏最有发言权。从表6-20可以看出，调查对象在"运用现代信息技术的能力""自我认识能力""个人人生观、价值观的确立"等维度认为提高很大及以上的比例最高，均为48%以上，这与大学生所处人生阶段和当前科技发展进程密切相关。首先，近年来科技发展迅猛，新技术不断涌现。高职院校培养的学生将来主要面向生产或管理服务一线，各学校普遍重视现代信息技术教学。从被调查院校了解到，各学校都将《现代信息技术》作为学生的必修基础课程。因此，学生运用现代信息技术的能力普遍得到较好的提升。其次，大学生正处在人生观、价值观确立和自我认识逐渐形成的时期，为了帮助大学生树立正确的世界观、人生观、价值观，根据中共中央国务院《关于进一步加强和改进大学生思想政治教育的意见》以及中共中央宣传部、教育部《关于进一步加强和改进高等学校思想政治理论课的意见》等文件精神，各高职院校都将思想政治理论课作为各专业人才培养目标必不可少的基础课，也是必修的政治理论课程。因此，高职院校学生对相关内容学习效果评价较好。相比之下，调查对象"在广泛涉猎各个知识领域""写作能力""获得工作或与工作有关的实践技能"等方面，认为学习效果一般或没有提高的比例都超过了60%。由此可见，学生对自己大学学习效果的整体评价中等。

表6-20　学生对学习效果的评价

评价维度	没有提高	一般	提高很大	提高非常大
广泛涉猎各个知识领域	10.5	65.1	19.6	4.8
获得工作或与工作相关的实践技能	8.2	53.2	33.1	5.4
写作能力	9.7	59.8	25.5	5.0
口头表达能力	6.2	49.2	36.5	8.1
解决实际问题的能力	4.8	49.9	37.1	8.2
运用现代信息技术的能力	5.2	46.6	38.5	9.7
与他人有效合作能力	5.6	47.1	38.7	8.6
自学能力	5.4	47.2	37.8	9.6
自我认识能力	4.2	47.6	35.3	12.9
个人人生观、价值观的确立	4.4	47.5	35.3	12.7

(三) 学生对学校相关服务的使用情况

1. 使用学校有关服务的频率

从表 6-21 可以看出，学生使用学校、教师提供的有关服务比较多。71.9%的学生经常或有时接受教师的学习指导服务，66.3%的学生经常或有时接受职业规划咨询服务，67.6%的学生经常或有时接受学习的就业指导服务，66.3%的学生经常或有时接受奖贷勤等经济援助咨询服务，66.9%的学生经常或有时使用学校的计算机房、实训室等教学实施。但从另外一个角度来说，也有三分之一的学生很少使用或者根本就不知有这些服务，尤其是职业规划咨询服务和奖贷勤等经济援助咨询服务（33.7%的学生很少或从没有使用过相关服务）。数据在一定程度上显示出这些服务的宣传机制需要进一步健全，使更多学生知晓、享用有关服务。

表 6-21 使用学校有关服务的频率

评价维度	经常	有时	很少/从不	不知道
学习指导服务	18.1	53.8	22.4	5.7
职业规划咨询服务	16.5	49.8	29.2	4.5
就业指导服务	16.5	51.1	25.7	6.7
奖贷勤等经济援助咨询服务	17.6	48.7	26.4	7.3
计算机房、实训室等教学设施	20.9	46.0	26.5	6.6

2. 对学校有关服务的满意度评价

从表 6-22 可以看出，76%以上的调查对象对学校提供的服务是比较满意的，对学校提供的学习指导服务满意度最高，达到 79.6%；对就业指导服务的不满意度最高，为 17.8%；但也有 6% 左右的学生不知道学校提供这些服务。

第六章 高职院校学生学情现状调查与分析

表6-22 对学校有关服务的满意度评价

评价维度	很满意	较满意	不满意	不知道
学习指导服务	18.3	61.3	14.3	6.1
职业规划咨询服务	18.1	59.5	17.4	5.0
就业指导服务	20.0	56.7	17.8	5.5
奖贷勤等经济援助咨询服务	21.4	55.3	17.3	6.1
计算机房、实训室等教学设施	23.7	53.4	17.5	5.4

3. 对学校有关服务重要性的认识

从表6-23可以看出，有近90%的学生都认为学校提供的相关服务是比较重要或很重要的。调查对象均认识到有关服务的重要性，对这些服务的重要性评价很高。但结合上述数据我们不难看出，这些服务虽然重要，但学生的满意度和使用频率都还有待提高，学生在教学服务中的参与度和满意度需要提升。

表6-23 对学校有关服务重要性的认识

评价维度	很重要	较重要	不重要
学习指导服务	39.2	50.5	10.3
职业规划咨询服务	40.9	49.2	9.9
就业指导服务	44.1	43.9	12.0
奖贷勤等经济援助咨询服务	38.0	50.5	11.5
机房、实训室等教学设施	41.6	47.4	11.1

（四）对在校学习经历的整体评价

从表6-24可以看出，多数学生对自己的在校学习经历评价较高。15.3%的学生认为自己学习非常出色，44.7%的学生认为自己学习表现良好，也有33.5%的学生认为自己学习表现一般。这一数据也与前文中成绩排名的数据相呼应。

表 6-24 对在校学习经历的整体评价

评价	频次	有效百分比（%）
不好	99	6.5
一般	512	33.5
良好	684	44.7
非常出色	234	15.3
合　计	1529	100.0

四、调查样本的其他有关情况

（一）对有关学习活动的态度倾向

1. 实习实训活动

从表 6-25 可以看出，多数学生对实习实训活动的态度是比较积极的，83.3%的学生表示计划做或已经在做。这可能既与高职教育的教学理念、人才培养方案等对学生实习实训的强调要求有关，也与学生生涯规划或者对未来就业前景的期待有关。但仍然有 12.4%的学生不准备做，这或许与调查对象中 33%为一年级学生有关。一般大学一年级主要开设的是文化基础课程，专业课程开设相对较少，学生还没有对实习实训端正态度，因此还需要相关部门加大宣传力度并进一步加强落实执行。

表 6-25 对实习实训活动的态度

态　度	频数	百分比（%）
已完成或正在做	447	29.2
计划做	827	54.1
不准备做	190	12.4
不确定	65	4.3

续表

态　度	频数	百分比（%）
合　计	1529	100.0

2. 志愿服务

从表6-26可以看出，多数学生对志愿服务的态度比较积极，76.4%的学生表示计划做或者正在做。同时，也有18.8%的学生表示不准备做志愿服务。

表6-26　对志愿服务的态度

态度	频数	百分比（%）
已完成或正在做	334	21.8
计划做	835	54.6
不准备做	287	18.8
不确定	73	4.8
合　计	1529	100.0

3. 课外外语学习

从表6-27的数据中可以看出，71.2%的学生计划或者正在进行课外外语学习活动。同时也有20.6%的学生表示不准备开展课外外语学习活动，这一比例比实习实训和志愿服务两项活动高。这可能意味着部分学生在课外外语学习问题上"畏难"的态度倾向。

表6-27　对课外外语学习的态度

态度	频数	百分比（%）
已完成或正在做	285	18.6
计划做	803	52.5
不准备做	315	20.6
不确定	126	8.2

续表

态度	频数	百分比（%）
合　计	1529	100.0

4. 海外学习实践

从表6-28的数据中可以看出，63%的学生计划或者已经完成了海外学习实践活动。近年来高等院校越来越多地开展联合培养、海外游学、文化体验、海外实习等国际交流合作项目，为学生创造了更多的海外学习实践机会。同时，有25.9%的学生表示不准备进行海外学习实践活动，这可能与学生的经济水平、外语水平等有一定关系。

表6-28　对海外学习实践的态度

态　度	频　数	百分比（%）
已完成或正在做	244	16.0
计划做	719	47.0
不准备做	396	25.9
不确定	170	11.1
合　计	1529	100.0

5. 专业技能竞赛

从表6-29可以看出，多数学生对专业技能竞赛的态度比较积极，68.8%的学生表示计划参加或者已经参加了专业技能竞赛。近年来，教育部、各地方教育行政部门、各高等院校纷纷开展相应级别的技能竞赛活动，为学生创造了参加技能竞赛的机会。"普通教育有高考，职业教育有竞赛"这一口号，凸显出技能竞赛在职业教育体系中的地位。当然，也有21.5%的学生不准备参加专业技能竞赛，这可能与当前技能竞赛的覆盖面、参与率尚待提高的现状有一定关系。❶

---

❶ 杨峥威．对当前高职院校职业技能竞赛工作的几点思考[J]．职业教育（下旬刊）．2014(7)．

表6-29 对专业技能竞赛的态度

态　　度	频　　数	百分比（%）
已完成或正在做	316	20.7
计划做	735	48.1
不准备做	328	21.5
不确定	150	9.8
合　　计	1529	100.0

6. 参与成人教育本科自学考试或参加专升本考试

从表6-30可以看出，66.5%的学生准备参加成人教育本科自学考试或专升本考试。此表也显示出多数学生对提升学历水平的积极态度。同时，也有25%的学生不准备参加，可能与个人职业生涯规划、家庭经济条件等因素有关。

表6-30 对自考、专升本的态度

态　　度	频　　数	百分比（%）
已完成或正在做	278	18.2
计划做	738	48.3
不准备做	382	25.0
不确定	131	8.6
合　　计	1529	100.0

7. 参与老师组织的学习团体

从表6-31可以看出，64.3%的学生计划参加或者已经参加了教师组织的学习团体，在一定程度上显示出学生的学习积极性。当然也有25.4%的学生表示不准备参加这样的学习团体。

表 6-31　参与老师组织的学习团体

态度	频数	百分比（%）
已完成或正在做	283	18.5
计划做	700	45.8
不准备做	389	25.4
不确定	157	10.3
合计	1529	100.0

（二）学校中的人际关系状况

1. 与其他同学的关系

从表 6-32 可以看出，调查对象与其他同学的人际关系状况较好。46.8%的学生认为与其他同学有较多交往和帮助，但有 17.6%的学生表示与其他同学的人际关系冷淡。

表 6-32　与其他同学的关系

人际关系状况	频数	百分比（%）
非常冷淡，无联系	54	3.5
很冷淡，基本无联系	87	5.7
冷淡，很少联系	128	8.4
一般	223	14.6
有交往	322	21.1
较多交往和帮助	269	17.6
经常交往、有帮助	446	29.2
合计	1529	100.0

2. 与任课教师的关系

表 6-33 显示，41.2%的调查对象与任课教师有较多交往。这一数据与

同学间人际关系相比表明学生更愿意与同学交往并得到帮助。但师生间出现交往是必然的，因此师生间很少联系或无联系的学生相对较少。但仍然有 16.9%的调查对象表示与任课教师的关系冷淡或非常冷淡，显示出与任课教师关系并不尽如人意。

表 6- 33　与任课教师的关系

人际关系状况	频　数	百分比（%）
非常冷淡，无联系	59	3.9
很冷淡，基本无联系	87	5.7
冷淡，很少联系	111	7.3
一般	298	19.5
有交往	344	22.5
较多交往和帮助	225	14.7
经常交往、有帮助	405	26.5
合　计	1529	100.0

3. 与班主任、辅导员的关系

表 6-34 显示，39.5%的调查对象与班主任、辅导员交往较多。19.9%的调查对象表示与班主任、辅导员很少联系或没有联系。数据显示学生与班主任、辅导员的关系弱于学生与任课教师之间的关系。这可能与任课教师在课堂教学中和学生接触、互动较多有关。

表 6-34　与班主任、辅导员的关系

人际关系状况	频　数	百分比（%）
非常冷淡，无联系	75	4.9
很冷淡，基本无联系	91	6.0
冷淡，很少联系	138	9.0
一般	268	17.5
有交往	353	23.1

续表

人际关系状况	频　数	百分比（%）
较多交往和帮助	230	15.0
经常交往、有帮助	374	24.5
合　　计	1529	100.0

4. 与行政管理人员的关系

表 6-35 显示，37.3%的学生表示与学校行政管理人员（如教务处、学生处行政人员等）交往较多，23.7%的学生表示很少联系或没有联系。这意味着学生与行政管理人员的关系最疏远，与班主任辅导员的关系其次，与任课教师的关系较为密切。

表 6-35　与行政管理人员的关系

人际关系状况	频　数	百分比（%）
非常冷淡，无联系	102	6.7
很冷淡，基本无联系	112	7.3
冷淡，很少联系	149	9.7
一般	267	17.5
有交往	328	21.5
较多交往和帮助	238	15.6
经常交往、有帮助	333	21.8
合　　计	1529	100.0

5. 不同地区高职院校学生在人际关系上的比较

由图 6-21 可知，不同地区高职院校学生人际关系中，调查对象与同学、任课教师、班主任和辅导员、行政管理人员之间均值变化呈现逐渐下降的趋势。这表明调查对象与这四类人群的人际关系由友好、相互帮助和关心趋向不友好、无帮助、冷淡。由此可见，学生与同学之间的关系更为融洽，而与教师之间的关系更为疏远、冷淡。这一方面是由于同学之间不仅朝夕相处，有更多接触机会，而且他们是同龄人，有更多的共同语言，更容易沟通和交流；另一方面，高校教师忙于科研或其他事务，没有时间或很少有时间与学生接触，学生学习积极性不高，也不愿意主动与教师交流，师生间往往维持较为平淡的人际关系。具体来看，西部地区高职院校调查对象与这四类人群人际关系的得分均高于东部地区和中部地区得分。东部地区调查对象与"同学""任课教师"两类人群人际关系得分高于中部地区，而在与"班主任辅导员""行政管理人员"人际关系上的均值低于中部地区。这表明不同地区，西部地区高职院校学生人际关系相对较为友好、和谐，东部地区学生在与"同学""任课教师"两类人群人际关系上优于中部地区，中部地区学生在与"班主任辅导员""行政管理人员"人际关系上优于东部地区。不同地区高职院校调查对象在人际关系上的调查结果也得到了有关研究的证实。高职院校师生关系研究结果显示，学生与不同岗位教师的交流频率中，任课教师最高，班主任辅导员其次，教辅行政人员再次。随着交流次数的增加，人际关系越呈现向好的趋势。[1]

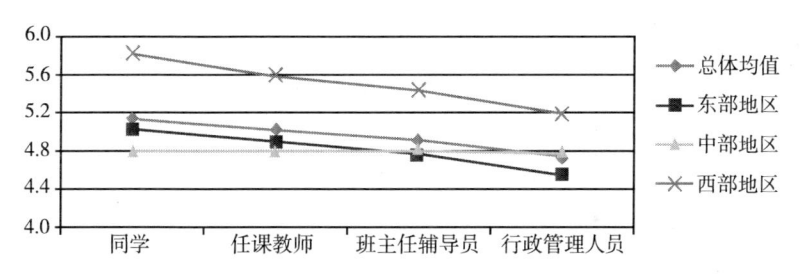

图 6-21 不同地区高职院校学生人际关系比较图

6. 不同年级高职院校学生在人际关系上的比较

由图 6-22 可知，不同年级高职院校学生与同学、任课教师、班主任和辅导员、行政管理人员在人际关系上的均值变化情况与总体均值变化趋势相吻合。同时，随着年级的增加，调查对象与四类人群在人际关系上的均

---

[1] 李兰巧. 教与学的和谐——高职院校师生关系构建艺术[M]. 北京：北京大学出版社. 2013.

值均呈现增长的趋势。这一现象表明,高职院校学生与同学、任课教师、班主任和辅导员、行政管理人员的人际关系随着年级的增加而向好,即年级越高,学生与各类人群的人际关系越好。这是由于一方面随着学生年级的增加,年龄的增长,学生的人际交往、沟通能力逐渐提高;另一方面也表明,人际关系是在不断交往、交流中逐渐向好的。随着与同学、任课教师、班主任和辅导员、行政管理人员接触、交流机会的增加,彼此间会更加了解、体谅、相互包容,人际关系愈发友好、和谐。

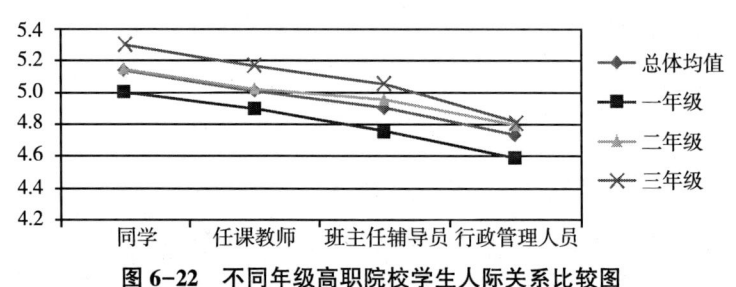

图 6-22 不同年级高职院校学生人际关系比较图

7. 不同性质高职院校学生在人际关系上的比较

由图 6-23 可知,不同性质的高职院校学生与同学、任课教师、班主任和辅导员、行政管理人员在人际关系上的均值变化情况趋势相近,均呈现逐渐下降的趋势;同时,总体来看,公办高职院校调查对象与四类人群在人际关系上的均值均高于民办高职院校学生。这表明公办高职院校学生与同学及教师的关系较民办学校学生与同学和教师的关系更为和谐、融洽。相关研究也表明,民办高校师生之间的互信度较低,师生间存在隔膜,师生关系呈现淡漠、世俗化趋势,学生对老师缺乏认同感,师生交往频率不高。民办院校一般向学生全额收取在校学习所需的一切费用,从而使教师与学生之间成为在学费契约之上的交易关系。学校收取学生学费,作为学校聘用的员工,教师从学校获取工资,就理所当然地应该为学生服务,学生通过缴纳学费,购买教师的知识,师生之间的人际关系加上了浓

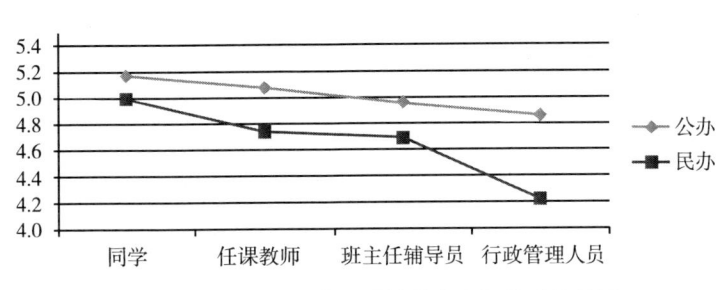

浓的功利化色彩,促使本来就不融洽的师生关系变得愈加冷淡。❶

图6-23 不同性质高职院校学生人际关系比较图

(三) 入学、学费与退学问题

1. 入学的主要原因

在"就读本校原因"这一问题中,44.2%的调查对象选择了"取得大专文凭,并找到好工作",34.2%的调查对象选择了"获取职业资格证书"。从图6-24的数据中可以看出,学生就读本校的主要目的是取得一份文凭,并解决未来的就业问题;其次是掌握职业技能,获得职业资格证书。

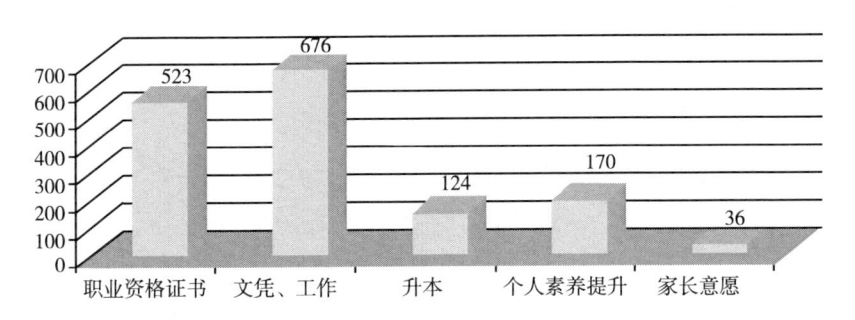

图6-24 学生就读本校首要原因分布图

这一数据可能与近年来我国大学生就业实际状况有关。近年来高职就

---

❶ 程希望. 独立学院师生关系欠和谐的表现成因及对策研究[D]. 武汉:华中师范大学,2014.

业率不断上升,《2014 中国高等职业教育质量年度报告》显示,2013 届高职毕业生就业率达到 90.9%,与前两年 90.4% 和 89.6% 的指标相比稳中有升。同时,《2014 年教育蓝皮书》显示,高职高专院校初次就业率最高,为 78.1%,高于 211(包括 985)重点大学的 75.5%。与大学生"就业难"截然相反,高职生就业出现了越来越吃香的趋势。[1]

2. 学费的主要来源

从图 6-25 中可看到,68.4% 的学生学费主要依靠父母或其他人的收入、积蓄,也有 20.3% 的学生学费依靠自己的收入或积蓄,而通过奖助学金、助学贷款等方式解决学费问题的学生比例相对较少。

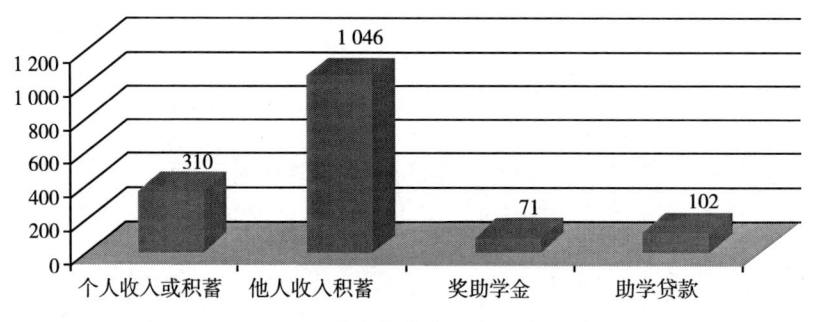

图 6-25 学生学费主要来源分布图

3. 退学的可能原因

从表 6-36 可以看出,约 40% 的调查对象不会因为全职工作、学业成绩欠佳、身心健康问题或家庭贫困而退学。由此可见,调查对象有较为强烈的求学欲望,求学动机较强;而照顾家人、家庭贫困是学生可能退学的两个重要原因。31.1% 的学生认为自己可能或很可能因为照顾家人而退学,28.7% 的学生认为自己可能或很可能因为家庭贫困而退学。同时也分别有 27.4% 和 26.8% 的学生认为自己可能因为身心健康问题和学业成绩欠佳问题

---

[1] 凌凡. 就业率超本科高职生吃香 学校设"订单班"[EB/OL]. http://learning.sohu.com/20150108/n407629544.shtml.

而退学。因此，高职院校应创造良好的学习环境，提高教育环境支持度，满足广大学生的求知欲望。

表 6-36 退学的可能原因

退学的原因	不可能 频次	不可能 百分比（%）	或许会 频次	或许会 百分比（%）	可能 频次	可能 百分比（%）	很可能 频次	很可能 百分比（%）
全职工作	649	42.4	604	39.5	208	13.6	68	4.4
照顾家人	429	28.1	624	40.8	355	23.2	121	7.9
学业成绩欠佳	588	38.5	532	34.8	330	21.6	79	5.2
家庭贫困	531	34.7	559	36.6	351	23.0	88	5.8
身心健康问题	557	36.4	552	36.1	314	20.5	106	6.9

4. 对学校的认同

（1）是否会向亲戚朋友推荐本校

数据显示，73%的学生会向亲戚朋友推荐本校，27%的学生不会。这一数据显示出学生对就读本校的认同度较高，这与调查对象评价在当前就读学校的教育经历相印证。具体见图 6-26。

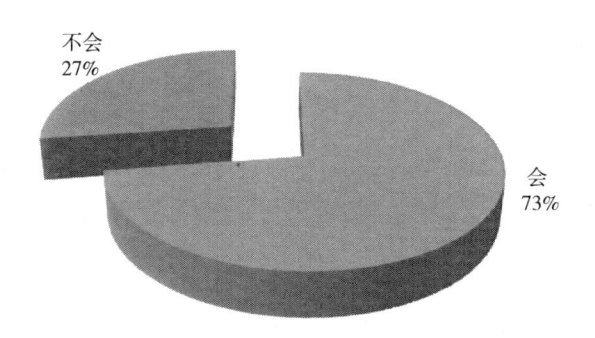

图 6-26 向亲戚朋友推荐本校比例图

（2）家人和朋友对就读本校的支持程度

从图 6-27 可以看出，调查对象的家人和朋友对他们就读本校的程度均达到94%。相比之下，家人的支持程度更高，而表示不支持的均未超过6%。由此可见，高职院校学生就读院校得到了家人及朋友的高度支持，这为调查对象创造了较高的家庭教育环境支持度，有助于学生潜心向学，也与调查对象退学的可能原因相印证。

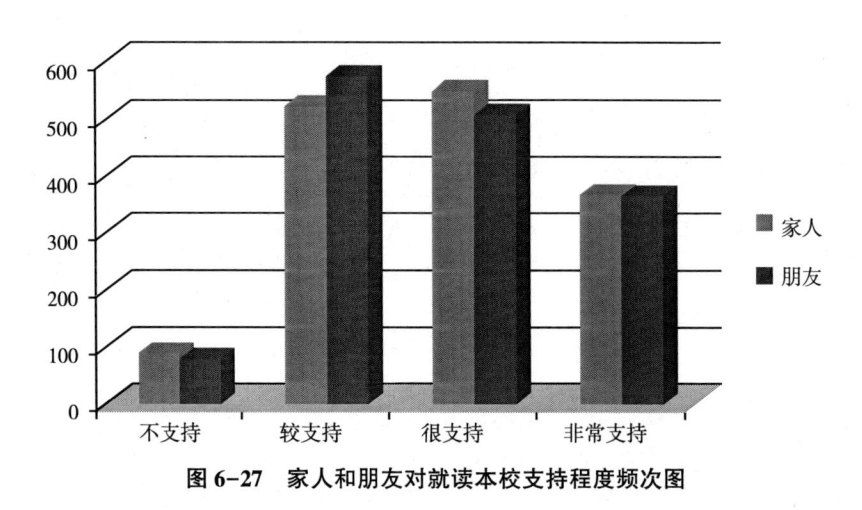

图 6-27 家人和朋友对就读本校支持程度频次图

第四节 影响学习参与各维度的差异分析

一、性别与学习参与的差异分析

（一）男女学生在师生互动质量方面的差异分析

从表6-37可以看出，就师生互动质量而言，男生的均值（$M \approx 2.37$，$SD \approx 0.54$）高于女生（$M \approx 2.35$，$SD \approx 0.54$）。经独立样本t检验，"方差方程的Levene检验"的F值未达到显著差异（$F = 1.610$，$p = 0.205 > 0.05$），表示两组样本方差同质。查看"假设方差相等"栏的数据，t值等于0.982，$p = 0.326 > 0.05$，未达到显著水平。因此，在95%的置信区间下，男生和女生对师生互动质量的评价没有显著性差异。

表6-37 不同性别学生师生互动质量的差异比较

	性别	个数	均值	标准差	均值的标准误	t值
师生互动质量	男	672	2.3739	.53566	.02066	.982
	女	857	2.3467	.53839	.01839	

（二）男女学生在学业挑战程度方面的差异分析

从表6-38可以看出，在学业挑战程度方面，男生的均值（M≈2.63，SD≈0.47）高于女生（M≈2.60，SD≈0.45）。经独立样本t检验，"方差方程的Levene检验"的F值未达到显著差异（F=3.282，p=0.070＞0.05）。这表示两组样本方差同质，应查看"假设方差相等"栏的数据，t值等于1.254，p=0.210＞0.05，未达到显著水平。因此，在95%的置信区间下，男生和女生对学业挑战程度的评价没有显著性差异。

表6-38 不同性别学生学业挑战程度的差异比较

	性别	个数	均值	标准差	均值的标准误	t值
学业挑战程度	男	672	2.6345	.47202	.01821	1.254
	女	857	2.6048	.45113	.01541	

（三）男女学生在主动合作水平方面的差异分析

从表6-39可以看出，就主动合作水平而言，男生的均值（M≈2.41，SD≈0.48）高于女生（M≈2.39，SD≈0.51）。经独立样本t检验，"方差方程的Levene检验"的F值达到显著差异（F=7.117，p=0.008＜0.05）。这表示两组样本方差不同质，应查看"假设方差不相等"栏的数据，t值等于0.749，p=0.454＞0.05，未达到显著水平。因此，在95%的置信区间下，男生和女生对主动合作水平的评价没有显著性差异。

表 6-39 不同性别学生主动合作水平的差异比较

	性别	个数	均值	标准差	均值的标准误	t 值
主动合作水平	男	672	2.4055	.47502	.01832	.749
	女	857	2.3865	.51208	.01749	

(四) 男女学生在学习努力程度方面的差异分析

从表 6-40 可以看出,在学习努力程度方面,女生的平均数($M \approx 2.58$,$SD \approx 0.37$)高于男生($M \approx 2.57$,$SD \approx 0.37$)。经独立样本 t 检验,"方差方程的 Levene 检验"的 F 值未达到显著差异($F = 0.023$,$p = 0.880 > 0.05$),表示两组样本方差同质。查看"假设方差相等"栏的数据,t 值等于 -0.698,$p = 0.485 > 0.05$,未达到显著水平。因此,在 95% 的置信区间下,男生和女生对学习努力程度的评价没有显著性差异。

表 6-40 不同性别学生学习努力程度的差异比较

	性别	个数	均值	标准差	均值的标准误	t 值
学习努力程度	男	672	2.5695	.36974	.01426	-.698
	女	857	2.5828	.36710	.01254	

(五) 男女学生在教育环境支持程度方面的差异分析

从表 6-41 可以看出,在教育环境支持程度方面,男生的平均数($M \approx 2.76$,$SD \approx 0.43$)高于女生($M \approx 2.72$,$SD \approx 0.41$)。经独立样本 t 检验,"方差方程的 Levene 检验"的 F 值达到显著差异($F = 6.271$,$p = 0.012 < 0.05$),表示两组样本方差不同质。查看"假设方差不相等"栏的数据,t 值等于 1.882,$p = 0.060 > 0.05$,未达到显著水平。因此,在 95% 的置信区间下,男生和女生对教育环境支持程度方面的感知没有显著性差异。

表 6-41 不同性别学生教育环境支持度的差异比较

	性别	个数	均值	标准差	均值的标准误	t 值
教育环境支持度	男	672	2.7599	.43390	.01674	1.882
	女	857	2.7189	.40817	.01394	

综合以上五个方面的统计结果，我们可以看出，不同性别的学生在师生互动质量、学业挑战程度、主动合作水平、学习努力程度以及教育环境支持程度方面的差异不明显。也就是说，男生和女生在这些方面并无显著差别。

二、年龄与学习参与的相关分析

（一）年龄与师生互动质量的相关分析

表 6-42 年龄与师生互动质量的相关分析表

		年龄	师生互动质量
年龄	Pearson 相关性	1	.067**
	显著性（双侧）		.009
	N	1529	1529
师生互动质量	Pearson 相关性	.067**	1
	显著性（双侧）	.009	
	N	1529	1529

注：**$P<0.01$

在对年龄与师生互动质量的相关性分析中，可以看到两个变量呈现显著正相关。相关系数为 0.067（p=0.009<0.05），两者关系为低度正相关。这说明学生的年龄越大，对师生互动质量的评价可能越高。师生互动质量除了与学生学习参与程度相关外，也需要学生掌握一定的互动技巧和互动的信心与勇气。当代大学生多数来自独生子女家庭，大学阶段是他们迈出家庭的第一步。随着年龄的增长，知识的丰富，与教师和同学交流机会的

增加，势必有助于培养他们与教师互动的能力。应建立良性互动机制，提高学生与教师互动质量。见表6-42。

（二）年龄与学业挑战程度的相关分析

表6-43 年龄与学业挑战程度的相关分析表

		年龄	学业挑战程度
年龄	Pearson 相关性	1	.047
	显著性（双侧）		.064
	N	1529	1529
学业挑战程度	Pearson 相关性	.047	1
	显著性（双侧）	.064	
	N	1529	1529

在对年龄与学业挑战程度的相关分析中可以看到，二者相关系数为0.047，两个变量间的相关未达到显著水平（p=0.064＞0.05）。这说明学生对学业挑战程度的认识与年龄没有显著相关。见表6-43。

（三）年龄与主动合作水平的相关分析

表6-44 年龄与主动合作水平的相关分析表

		年龄	主动合作水平
年龄	Pearson 相关性	1	.043
	显著性（双侧）		.093
	N	1529	1529
主动合作水平	Pearson 相关性	.043	1
	显著性（双侧）	.093	
	N	1529	1529

以年龄与主动合作水平两个变量而言，二者相关系数为0.043，两个变量间的相关未达到显著水平（p=0.093＞0.05）。这说明学生对主动合作水平的认识与年龄没有显著相关。见表6-44。

（四）年龄与学习努力程度的相关分析

表6-45　年龄与学习努力程度的相关分析表

		年龄	学习努力程度
年龄	Pearson 相关性	1	.030
	显著性（双侧）		.240
	N	1529	1529
学习努力程度	Pearson 相关性	.030	1
	显著性（双侧）	.240	
	N	1529	1529

就年龄与学习努力程度两个变量而言，二者相关系数为0.030，两个变量间的相关未达到显著水平（p=0.240＞0.05）。这说明学生对学习努力程度的认识与年龄没有显著相关。见表6-45。

（五）年龄与教育环境支持度的相关分析

表6-46　年龄与教育环境支持度的相关分析表

		年龄	教育环境支持度
年龄	Pearson 相关性	1	.014
	显著性（双侧）		.576
	N	1529	1529

续表

教育环境支持度		年龄	教育环境支持度
	Pearson 相关性	.014	1
	显著性（双侧）	.576	
	N	1529	1529

以年龄与教育环境支持度两个变量而言，二者相关系数为 0.014，两个变量间的相关未达到显著水平（p=0.576＞0.05）。这说明学生对教育环境支持程度的认识与年龄没有显著相关。见表 6-46。

综上所述，从相关分析结果我们可看出，在对年龄和师生互动质量、学业挑战程度、主动合作学习水平、学习努力程度、教育环境支持度五个维度进行相关分析时，可以得到年龄与师生互动质量存在低度正相关，并且相关性显著；年龄与学业挑战程度、主动合作学习水平、学习努力程度以及教育环境支持程度存在正相关，但相关性不显著。

三、不同年级学生学习参与的情况分析

表 6-47　不同年级学生在学习参与各维度的描述性统计量

检验变量	年级	个数	均值	标准差
师生互动质量	一年级（A）	504	2.3237	.52692
	二年级（B）	685	2.3469	.54165
	三年级（C）	340	2.4342	.53753
学业挑战程度	一年级（A）	504	2.5673	.44322
	二年级（B）	685	2.6426	.48383
	三年级（C）	340	2.6429	.43175
主动合作水平	一年级（A）	504	2.3542	.48691
	二年级（B）	685	2.3830	.49479
	三年级（C）	340	2.4790	.50356

续表

检验变量	年级	个数	均值	标准差
学习努力程度	一年级（A）	504	2.5468	.36713
	二年级（B）	685	2.5595	.37072
	三年级（C）	340	2.6567	.35418
教育环境支持度	一年级（A）	504	2.7467	.38914
	二年级（B）	685	2.7033	.43735
	三年级（C）	340	2.7902	.42345

表6-48　不同年级学生在学习参与各维度的差异分析

		平方和	自由度	平均平方和	F检验	事后比较LSD法
师生互动质量	组间	2.652	2	1.326	4.617*	C>A
	组内	438.283	1526	.287		C>B
	总和	440.935	1528			
学业挑战程度	组间	1.924	2	.962	4.558*	B>A
	组内	322.118	1526	.211		C>A
	总和	324.043	1528			
主动合作水平	组间	3.340	2	1.670	6.838**	C>A
	组内	372.666	1526	.244		C>B
	总和	376.006	1528			
学习努力程度	组间	2.830	2	1.415	10.569***	C>A
	组内	204.327	1526	.134		C>B
	总和	207.158	1528			
教育环境支持度	组间	1.786	2	.893	5.090**	C>B
	组内	267.787	1526	.175		
	总和	269.573	1528			

注：*P<0.05，**P<0.01，***P<0.001。

从不同年级学生在学习参与各维度的描述性统计量表6-47和差异分析

摘要表 6-48 中可知：

（一）不同年级学生对师生互动质量的评价

一年级学生对师生互动质量的评价略低于二年级和三级学生，三年级学生对师生互动质量的评价分数最高。方差分析的结果也显示，一年级学生和三年级学生对师生互动质量的评价存在显著性差异（$p=0.03<0.05$），表明三年级学生对师生互动质量评价显著高于一年级学生；二年级和三年级学生对师生互动质量的评价也存在显著性差异（$p=0.014<0.05$），表明三年级学生对师生互动质量评价显著高于二年级学生。而一年级和二年级学生之间的差异不显著（$p=0.460>0.05$）。

（二）不同年级学生对学业挑战程度的评价

一年级和二年级学生对学业挑战程度的评价稍低，而三年级学生对学业挑战程度的评价均值略高。方差分析的结果也显示，一年级学生和二年级学生对学业挑战程度的评价存在显著性差异（$p=0.005<0.05$），表明二年级学生对学业挑战程度的评价显著高于一年级；一年级和三年级学生对学业挑战程度的评价也存在显著性差异（$p=0.019<0.05$），表明三年级学生对学业挑战程度的评价显著高于一年级；二年级和三年级学生之间的差异不显著（$p=0.992>0.05$）。

这一数据结果显示，三年级学生认为学业挑战较大，可能与不同年级学习任务的差别有关。当前高职院校以三年制为主，大学一年级课程主要以文化课和专业基础课程为主，内容相对熟悉、简单；二年级以专业课程为主，主要是在大一基础上对专业课程的深度和实训实习的要求有所提高；但是到了大学三年级，学生不仅面临学习任务，同时在面临就业等问题时，他们更会倍加感觉到知识的重要，因此可能使得三年级学生的学业压力稍大。

(三) 不同年级学生对主动合作水平的评价

一年级和二年级学生对主动合作水平的评价较接近,而三年级学生对主动合作水平的评价分数略高。方差分析的结果显示,一年级学生和三年级学生对主动合作水平的评价存在显著性差异($p=0.000<0.05$),表明三年级学生对主动合作水平的评价显著高于一年级;二年级和三年级学生对主动合作水平的评价也存在显著性差异($p=0.003<0.05$),显示三年级学生对主动合作水平的评价显著高于二年级;一年级和二年级学生之间的差异不显著($p=0.320>0.05$)。

(四) 不同年级学生的学习努力程度

一年级和二年级学生对自己学习努力程度的评价略低,而三年级学生对自己学习努力程度的评价分数略高。方差分析的结果显示,一年级学生和二年级学生对自己学习努力程度的评价差异不显著($p=0.552>0.05$);一年级和三年级学生对自己学习努力程度的评价存在显著性差异($p=0.000<0.05$),表明三年级学生对学习努力程度的评价显著高于一年级;二年级和三年级学生对学习努力程度的感受存在显著性差异($p=0.000<0.05$),表明三年级学生对学习努力程度的感知显著高于二年级。这一结果与不同年级学生对主动合作水平的评价结果相一致。

(五) 不同年级学生对教育环境支持度的评价

一年级和二年级学生对教育环境支持度的评价分数略低,而三年级学生对教育环境支持度的评价分数略高。方差分析的结果显示,二年级学生和三年级学生对教育环境支持度的评价存在显著性差异($p=0.002<0.05$),表明三年级学生对教育环境支持度的评价显著高于二年级;一年级和二年级学生对教育环境支持程度的感知的差异不显著($p=$

0.078＞0.05）；一年级和三年级学生之间也不存在显著差异（p=0.139＞0.05）。

综合以上数据可以看出，不同年级学生在学习参与方面的感受和评价存在一定差异。具体来说，一年级学生对师生互动质量、学业挑战程度、主动合作水平、学习努力程度这四个维度的评价上与三年级学生存在显著性差异；二年级学生在对师生互动质量、主动合作水平、学习努力程度及对教育环境支持度的评价等几个维度上与三年级学生存在显著性差异；一年级和二年级学生仅在对学业挑战程度这一个维度的评价上存在显著差异，而在其他四个维度的评价不存在显著性差异。

这与高职院校的人才培养目标和教学安排相关，高职院校是服务经济社会发展需要，面向经济社会发展和生产服务一线培养高素质劳动者和技术技能人才的。在赴各高职院校调研时发现，高职院校的教学计划一般安排大学一年级和二年级学生主要学习基础文化课和专业基础课程。到了大三阶段，在开设专业核心课程的基础上，还有毕业实习实训和毕业设计（论文）等课程。并且主要在大三上学期部分时间在校内学习，大部分时间走向行业企业一线。因此，大学一年级和二年级差异不显著的维度更多，而它们与大学三年级存在显著性差异的维度更多。

四、不同专业学生学习参与的情况分析

为了了解文科类、理科类和艺术类学生在师生互动质量、学业挑战程度等维度是否有显著差异，调查者使用单因素方程分析方法对调查数据进行了处理。从表6-49和表6-50可以看出，就师生互动质量、学业挑战程度、主动合作水平、学习努力程度、教育环境支持度而言，整体检验的F值分别为1.043（p=0.353＞0.05）、0.629（p=0.533＞0.05）、1.108（p=0.331＞0.05）、1.270（p=0.281＞0.05）、0.967（p=0.381＞0.05），方差分析中的F值均未达到显著差异，因此应接受虚无假设。这拒绝对立

假设。这表明不同专业类别的学生在各维度间均无显著差异存在。

表6-49 不同专业学生在学习参与各维度的描述性统计量

检验变量	专业	个数	均值	标准差
师生互动质量	文科类	637	2.3442	.53454
	理科类	676	2.3805	.54558
	艺术类	216	2.3328	.51801
	总数	1529	2.3586	.53719
学业挑战程度	文科类	637	2.6333	.46129
	理科类	676	2.6084	.44586
	艺术类	216	2.6019	.50236
	总数	1529	2.6179	.46051
主动合作水平	文科类	637	2.3880	.47956
	理科类	676	2.4131	.50519
	艺术类	216	2.3582	.51455
	总数	1529	2.3949	.49606
学习努力程度	文科类	637	2.5891	.35463
	理科类	676	2.5763	.37221
	艺术类	216	2.5430	.39364
	总数	1529	2.5769	.36820
教育环境支持度	文科类	637	2.7546	.41022
	理科类	676	2.7250	.43092
	艺术类	216	2.7222	.41408
	总数	1529	2.7369	.42003

表6-50 不同专业类别学生学习参与差异显著性检验

组间差异	平方和	自由度	均值平方	F值	显著性
师生互动质量	0.602	2	0.301	1.043	0.353

续表

组间差异	平方和	自由度	均值平方	F 值	显著性
学业挑战程度	0.267	2	0.133	0.629	0.533
主动合作水平	0.545	2	0.273	1.108	0.331
学习努力程度	0.344	2	0.172	1.27	0.281
教育环境支持度	0.341	2	0.171	0.967	0.381

五、居住地与学习参与的差异分析

（一）乡村与城市学生在师生互动质量方面的差异分析

从表6-51可以看出，在师生互动质量方面，农村或乡镇学生的平均分（M≈2.359，SD≈0.55）高于城市学生的平均分（M≈2.358，SD≈0.52）。经独立样本T检验，"方差方程的Levene检验"的F值达到显著差异（F=4.130，p=0.042<0.05），表示两组样本方差不同质，应查看"假设方差不相等"栏的数据。t值等于0.020，p=0.984>0.05，未达到显著水平。因此，在95%的置信区间下，居住地对师生互动质量的评价没有显著性差异。

表6-51 学生居住地与师生互动质量的差异比较

	居住地	个数	均值	标准差	均值的标准误	t 值
师生互动质量	农村或乡镇	770	2.3589	.55365	.01995	.020
	城市	759	2.3584	.52032	.01889	

（二）乡村与城市学生在学业挑战程度方面的差异分析

从表6-52可以看出，乡村学生在学业挑战程度方面的均值（M≈2.67，SD≈0.47）高于城市学生（M≈2.56，SD≈0.44）。经独立样本T检验，

"方差方程的 Levene 检验"的 F 值达到显著差异（F=7.365，p=0.007<0.05），表示两组样本方差不同质，应查看"假设方差不相等"栏的数据。t 值等于 4.694，p=0.000<0.05，达到显著水平。平均数的差异值等于 0.10976，表明乡村与城市学生在学业挑战程度方面有显著差异存在，其中乡村学生的学业挑战感受高于城市学生的学业挑战感知。

表 6-52　学生居住地与学业挑战程度的差异比较

	居住地	个数	均值	标准差	均值的标准误	t 值
学业挑战程度	农村或乡镇	770	2.6723	.47313	.01705	4.694***
	城市	759	2.5626	.44082	.01600	

注：***P<0.001。

（三）乡村与城市学生在主动合作水平方面的差异分析

从表 6-53 可以看出，农村或乡镇学生在主动合作水平方面的平均数（M≈2.43，SD≈0.52）高于城市学生（M≈2.36，SD≈0.47）。"方差方程的 Levene 检验"的 F 值达到显著差异（F=6.316，p=0.012<0.05），表示两组样本方差不同质，应查看"假设方差不相等"栏的数据。t 值等于 2.424，p=0.015<0.05，达到显著水平。平均数的差异值等于 0.06136，表明乡镇与城市学生在主动合作水平方面有显著差异存在，其中乡镇学生的主动合作感受高于城市学生的主动合作感知。

表 6-53　学生居住地与主动合作水平的差异比较

	居住地	个数	均值	标准差	均值的标准误	t 值
主动合作水平	农村或乡镇	770	2.4253	.52158	.01880	2.424*
	城市	759	2.3640	.46707	.01695	

注：*P<0.05。

(四) 乡村与城市学生在学习努力程度方面的差异分析

从表6-54可以看出,农村或乡镇学生在学习努力程度方面的平均数($M≈2.64$,$SD≈0.38$)高于城市学生($M≈2.51$,$SD≈0.35$)。经独立样本T检验,"方差方程的Levene检验"的F值未达到显著差异($F=2.175$,$p=0.140>0.05$),表示两组样本方差同质,应查看"假设方差相等"栏的数据,t值等于6.771,$p=0.000<0.05$,达到显著水平。平均数的差异值等于0.12569,表明乡镇与城市学生在学习努力程度方面有显著差异存在,其中乡镇学生对学习努力程度的感受高于城市学生的感知。

表6-54 学生居住地与学习努力程度的差异比较

	居住地	个数	均值	标准差	均值的标准误	t值
学习努力程度	农村或乡镇	770	2.6393	.37645	.01357	6.771***
	城市	759	2.5136	.34865	.01266	

注:***$P<0.001$。

(五) 乡村与城市学生对教育环境支持度评价的差异分析

从表6-55可以看出,农村或乡镇学生在教育环境支持度方面的平均数($M≈2.77$,$SD≈0.42$)高于城市学生($M≈2.70$,$SD≈0.42$)。经独立样本T检验,"方差方程的Levene检验"的F值未达到显著差异($F=2.179$,$p=0.140>0.05$),表示两组样本方差同质,应查看"假设方差相等"栏的数据。t值等于3.272,$p=0.001<0.05$,达到显著水平。平均数的差异值等于0.07006,表明乡镇与城市学生在教育环境支持度方面有显著差异存在,其中乡镇学生对教育环境支持程度的感知要高于城市学生。

表 6-55 学生居住地与教育环境支持度的差异分析

	居住地	个数	均值	标准差	均值的标准误	t 值
教育环境支持度	农村或乡镇	770	2.7717	.41546	.01497	3.272**
	城市	759	2.7017	.42196	.01532	

注：**P<0.01。

综合以上五个方面的统计结果我们可以看出，不同居住地的学生在学习性参与各维度的感知有一定差异。具体来说，乡镇学生在学业挑战、主动合作、学习努力程度和教育环境支持程度方面的感知显著高于城市学生；同时，乡镇学生和城市学生在师生互动方面的感受不存在显著差异。

不同居住地学生在学习参与上的差异与我国社会发展现状是密切相关的。我国长期以来一直保持着城市乡村二元社区结构，由于它们在生产力水平、经济状况、生活方式、文化氛围和人口因素的不同，因而城乡居民在文化传统、性格和人际关系等方面存在差异：乡镇社区相对落后、封闭、人口数量少、流动性差、成分单一，居民思想相对守旧，性格淳朴、吃苦耐劳，人际关系简单、亲密、融洽；而城市社区较为现代、时尚，人口众多、流动性大、成分复杂，居民思想相对开放，人际关系复杂、疏远。因此，来自乡镇的学生自知来自经济文化相对落后的地区，他们对教育环境的要求相对较低，对学校提供教育环境支持的感知相对敏感。同时，他们向往城市多姿多彩、丰富时尚的现代生活。为了改变窘迫的现状，他们学习的积极性较高，在学习上表现得更努力，更乐于主动合作和迎接学业挑战。城市代表了新的生产和生活方式，在一定程度上代表了社会发展的必然趋势，但也存在一些问题。随着我国城市化进程的推进，如何在未来社会发展过程中解决这些问题，还有待进行深入的研究和系统的整合。

六、父母学历水平对学生学习参与的影响分析

(一) 父亲学历水平对学生学习参与的影响

表 6-56 为父亲的学历水平和师生互动质量、学业挑战程度、主动合作学习水平、学习努力程度、教育环境支持度等学生学习性参与的五个维度方差分析检验 ANOVA 表。从数据可知,这五个维度整体检验的 F 值分别为 0.469（p=0.799>0.05）、2.259（p=0.046<0.05）、0.937（p=0.456>0.05）、5.759（p=0.000<0.05）、4.346（p=0.001<0.05）。其中学业挑战程度、学习努力程度和教育环境支持程度三个维度达到显著水平,而师生互动质量、主动合作水平维度未达到显著差异。这表明父亲学历水平对学生学业挑战程度、学习努力程度和教育环境支持程度的感知有显著影响,而对师生互动质量及主动合作水平无显著影响。经事后对达到显著水平维度多重比较发现,父亲为高学历水平的学生对学业挑战程度、学习努力程度和教育环境支持程度的感知高于父亲为低学历水平的学生。

表 6-56 父亲学历水平对学生学习参与各维度影响的差异分析

组间差异	平方和	自由度	均值平方	F 值
师生互动质量	0.678	5	0.136	0.469
学业挑战程度	2.385	5	0.477	2.259*
主动合作水平	1.153	5	0.231	0.937
学习努力程度	3.844	5	0.769	5.759***
教育环境支持度	3.792	5	0.758	4.346**

注：*P<0.05，**P<0.01，***P<0.001。

(二) 母亲学历水平对学生学习参与的影响

调查者对母亲的学历水平和学生学习参与的五个维度的数据进行了方

差分析检验。从表6-57可以看出,母亲学历水平与学生师生互动质量、学业挑战程度、主动合作学习水平、学习努力程度、教育环境支持度五个维度整体检验的F值分别为2.649（p=0.022＜0.05）、1.833（p=0.103＞0.05）、0.693（p=0.629＞0.05）、4.483（p=0.000＜0.05）、1.071（p=0.374＞0.05）。其中师生互动质量和学习努力程度两个维度达到显著水平,而学业挑战程度、主动合作学习水平、教育环境支持度三个维度差异不显著。这表明母亲学历水平对学生师生互动质量和学习努力程度的感知有显著影响,而对学业挑战程度、主动合作学习水平以及教育环境支持度无显著影响。经事后对达到显著水平维度多重比较发现,母亲为高学历水平的学生对师生互动质量和学习努力程度的感受高于母亲为低学历水平的学生。

表6-57 母亲学历水平对学生学习性参与各维度影响的差异分析

组间差异	平方和	自由度	均值平方	F值
师生互动质量	3.801	5	.760	2.649*
学业挑战程度	1.939	5	.388	1.833
主动合作水平	.853	5	.171	.693
学习努力程度	3.005	5	.601	4.483***
教育环境支持度	.945	5	.189	1.071

注：*P＜0.05，***P＜0.001。

由此可见,父母学历水平对学生学习参与程度有一定影响,父母为高学历的学生对学习努力程度等维度的感知高于父母为低学历水平的学生。这表明父母的学历水平越高则学生学习参与程度越高,越有益于学生取得较好的学业成就。作为一个有效的社会学分析框架,法国社会学家布尔迪约（Bourdieu）的文化资本再生产理论,对把握当代我国的教育现状具有现实意义。文化资本是促进学业成就的"语言及文化能力",文化资本的获得是现代社会成员调整和改善自身在社会中所处地位的主要途径。教育活动尤其高等教育是建构文化资本的重中之中,而文化资本的获取主要是通过家庭教育进行日积月累的文化教养。父母为高学历水平（拥有制度化资本的父母），其子女能继承更多的文化资本，因而更向学并能取得较好的学业成绩，得到学校或权威机构认可并签发的学历、文凭，实现以教育资质为形式的制度化的文化资本的认证；低学历水平的父母不能给学生提供有效的智力支持，也不具备辅导学生学业的能力，在态度和认识上也不能给予学生必要的支持，不能把握社会的发展方向，自然对学生的成长方向也无法提供有效的指导，使学生陷于家庭固有的文化背景中而难以超越其家庭文化资本。[1]

七、不同地区学生学习参与的情况分析

表 6-58　不同地区高职院校学生在学习参与各维度的描述性统计量

检验变量	地区	个数	均值	标准差
师生互动质量	东部地区（A）	857	2.3436	.52828
	中部地区（B）	370	2.4159	.52686
	西部地区（C）	302	2.3311	.57054
学业挑战程度	东部地区（A）	857	2.5279	.42857
	中部地区（B）	370	2.7527	.50985
	西部地区（C）	302	2.7079	.42661
主动合作水平	东部地区（A）	857	2.3757	.49200
	中部地区（B）	370	2.4132	.50917
	西部地区（C）	302	2.4267	.49042
学习努力程度	东部地区（A）	857	2.5406	.35624
	中部地区（B）	370	2.5726	.38001
	西部地区（C）	302	2.6854	.36701

---

[1] ［法］布尔迪约,帕斯隆. 再生产[M]. 邢克超,译. 北京:商务印书馆,2002.

续表

检验变量	地区	个数	均值	标准差
教育环境支持度	东部地区（A）	857	2.7096	.40536
	中部地区（B）	370	2.7505	.43542
	西部地区（C）	302	2.7980	.43564

表6-59 不同地区高职院校学生在学习参与各维度差异分析

		平方和	自由度	平均平方和	F检验	事后比较LSD法
师生互动质量	组间	1.634	2	.817	2.837*	B＞A
	组内	439.301	1526	.288		B＞C
	总和	440.935	1528			
学业挑战程度	组间	16.116	2	8.058	39.933***	B＞A
	组内	307.927	1526	.202		C＞A
	总和	324.043	1528			
主动合作水平	组间	.745	2	.372	1.514	
	组内	375.261	1526	.246		
	总和	376.006	1528			
学习努力程度	组间	4.694	2	2.347	17.690***	C＞A
	组内	202.464	1526	.133		C＞B
	总和	207.158	1528			
教育环境支持度	组间	1.835	2	.918	5.231**	C＞A
	组内	267.738	1526	.175		
	总和	269.573	1528			

注：**$P<0.01$，***$P<0.001$。

从不同地区高职院校学生在学习参与各维度的描述性统计量表6-58和差异分析摘要表6-59中数据可知：

（一） 不同地区学生对师生互动质量的评价

东部地区学生（M≈2.34，SD≈0.53）和西部地区学生（M≈2.33，SD≈0.57）对师生互动质量感知的平均分相近，中部地区学生（M≈2.42，SD≈0.53）对师生互动质量的评价分数最高。方差分析的结果也显示，东部地区学生和中部地区学生对师生互动质量的评价存在显著性差异（p=0.031＜0.05），表明中部地区学生对师生互动质量感知显著高于东部地区学生；中部地区和西部地区学生对师生互动质量的评价也存在显著性差异（p=0.042＜0.05），表明中部地区学生对师生互动质量评价显著高于西部地区学生；而东部地区和西部地区学生之间的差异不显著（p=0.727＞0.05）。

（二） 不同地区学生对学习挑战程度的评价

中部地区学生（M≈2.75，SD≈0.51）和西部地区学生（M≈2.71，SD≈0.43）对学习挑战程度感知的平均分相近，东部地区学生（M≈2.53，SD≈0.43）对学习挑战程度的评价分数最低。方差分析的结果也显示，东部地区学生和中部地区学生对学习挑战程度的评价存在显著性差异（p=0.000＜0.05），表明中部地区学生对学习挑战程度的感知显著高于东部地区学生；东部地区和西部地区学生对学习挑战程度的评价也存在显著性差异（p=0.000＜0.05），表明西部地区学生对学习挑战程度评价显著高于东部地区学生；而中部地区和西部地区学生之间的差异不显著（p=0.199＞0.05）。

（三） 不同地区学生对主动合作水平的评价

东部地区、中部地区和西部地区学生对主动合作水平感知的平均分分别为M=2.3757、M=2.4132、M=2.4267，东部地区学生相对较低，而西部地区学生相对较高。三个地区整体检验的 F 值为 1.514（p=0.220＞0.05），方差分析中的 F 值未达到显著差异。因此应接受虚无假设，拒绝对立假设，表明不同地区高职院校的学生在各维度间均无显著差异存在。

（四）不同地区学生对学习努力程度的评价

东部地区学生（M≈2.54，SD≈0.36）和中部地区学生（M≈2.57，SD≈0.38）对学习努力程度感知的平均分相近，西部地区学生（M≈2.69，SD≈0.37）对学习努力程度的评价分数最高。方差分析的结果也显示，东部地区学生和西部地区学生对学习努力程度的评价存在显著性差异（p=0.000＜0.05），表明西部地区学生对学习努力程度的感知显著高于东部地区学生；中部地区和西部地区学生对学习努力程度的评价也存在显著性差异（p=0.000＜0.05），表明西部地区学生对学习努力程度评价显著高于中部地区学生；而东部地区和中部地区学生之间的差异不显著（p=0.158＞0.05）。

（五）不同地区学生对教育环境支持程度的评价

东部地区、中部地区和西部地区学生对教育环境支持程度感知的平均分分别为 M=2.7096、M=2.7505、M=2.7980，东部地区学生相对较低，而西部地区学生相对较高。方差分析的结果也显示，东部地区学生和西部地区学生对教育环境支持程度的评价存在显著性差异（p=0.002＜0.05），表明西部地区学生对教育环境支持程度的感知显著高于东部地区学生。而东部地区和中部地区学生对教育环境支持程度感知（p=0.117＞0.05）、中部地区和西部地区学生对教育环境支持程度感受（p=0.143＞0.05）差异不显著。

综合以上数据可以看出，不同地区高职院校学生在师生互动质量、学业挑战程度、主动合作水平、学习努力程度以及教育环境支持程度这五个学习参与维度的感受和评价存在一定差异。具体来说，东部地区和中部地区高职院校学生在师生互动质量和学习挑战程度两个维度存在显著性差异，且东部地区学生在这两个维度的平均分均低于中部地区，即他们在这两个方面的感知都显著低于中部地区。中部地区和西部地区学生在师生互动和学习努力程度维度存在显著性差异，中部地区学生对师生互动的感受显著高于西部地区学生，但对学习努力程度的感知显著低于西部地区学生。西部地区和东部地区学生在学习挑战程度、学习努力程度和教育环境支持程度三个维度存在显著性差异，且西部地区学生在这三个维度的平均分均高于东部地区。从图6-3调查样本家庭居住地分布图可知，高职院校学生来自城市的比例由东部、中部向西部地区直线减少；而来自农村或乡镇学生的比例由东部、中部向西部地区直线上升。东部地区高职院校学生家庭居住地以城市为主，而中、西部地区高职院校学生家庭居住地为农村或乡镇的占了大多数。因此，东部地区高职院校学生更多地表现为居住地为城市学生的特征，而中部、西部地区高职院校学生蕴含了居住地为农村或乡镇学生的特征，导致这些特征出现的原因与城乡二元差异相关，在此不再赘述。

八、不同性质学校学生学习参与的情况分析

（一）公办与民办学校学生在师生互动质量方面的差异分析

从表6-60可以看出，公办院校学生在师生互动质量方面的均值（$M \approx 2.37$，$SD \approx 0.53$）高于民办院校学生均值（$M \approx 2.31$，$SD \approx 0.55$）。经独立样本T检验，"方差方程的Levene检验"的F值未达到显著差异（$F = 0.018$，$p = 0.892 > 0.05$），表示两组样本方差同质，应查看"假设方差相等"栏的数据。t值等于1.557，$p = 0.120 > 0.05$，未达到显著水平。因此，在95%的置信区间下，公办与民办学校学生在师生互动质量的评价没有显

著性差异。

表 6-60 不同性质学校学生在师生互动质量维度的差异比较

	性质	个数	均值	标准差	均值的标准误	t 值
师生互动质量	公办	1237	2.3690	.53361	.01517	1.557
	民办	292	2.3146	.55084	.03224	

(二) 公办与民办学校学生在学业挑战程度方面的差异分析

从表 6-61 可以看出,公办院校学生在学业挑战程度维度的平均值($M \approx 2.64$,$SD \approx 0.47$)高于民办院校学生均值($M \approx 2.53$,$SD \approx 0.42$)。经独立样本 T 检验,"方差方程的 Levene 检验"的 F 值达到显著差异($F = 5.315$,$p = 0.021 < 0.05$),表示两组样本方差不同质,应查看"假设方差不相等"栏的数据。t 值等于 3.749,$p = 0.000 < 0.05$,达到显著水平,平均数的差异值等于 0.10546。这表明公办与民办学校学生在学业挑战程度方面有显著差异存在,其中公办院校学生的学业挑战感受高于民办院校学生的学业挑战感知。

表 6-61 不同性质学校学生在学业挑战程度维度的差异比较

	性质	个数	均值	标准差	均值的标准误	t 值
学业挑战程度	公办	1237	2.6380	.46662	.01327	3.749***
	民办	292	2.5325	.42394	.02481	

注:***$P < 0.001$。

(三) 公办与民办学校学生在主动合作水平方面的差异分析

从表 6-62 可以看出,公办院校学生在主动合作水平维度的平均值($M \approx 2.40$,$SD \approx 0.50$)高于民办院校学生均值($M \approx 2.39$,$SD \approx 0.48$)。经独立样本 T 检验,"方差方程的 Levene 检验"的 F 值未达到显著差异(F =

0.119，p=0.730＞0.05），表示两组样本方差同质，应查看"假设方差相等"栏的数据。t值等于0.154，p=0.877＞0.05，未达到显著水平。因此，在95%的置信区间下，公办与民办学校学生在主动合作水平维度的评价没有显著性差异。

表6-62　不同性质学校学生在主动合作水平维度的差异比较

	性质	个数	均值	标准差	均值的标准误	t值
主动合作水平	公办	1237	2.3958	.49949	.01420	.154
	民办	292	2.3908	.48208	.02821	

（四）公办与民办学校学生在学习努力程度维度的差异分析

从表6-63可以看出，公办院校学生在学习努力程度维度的平均值（M≈2.58，SD≈0.37）高于民办院校学生均值（M≈2.56，SD≈0.35）。经独立样本T检验，"方差方程的Levene检验"的F值未达到显著差异（F=0.665，p=0.415＞0.05），表示两组样本方差同质，应查看"假设方差相等"栏的数据。t值等于0.663，p=0.507＞0.05，未达到显著水平。因此，在95%的置信区间下，公办与民办学校学生在学习努力程度维度的评价没有显著性差异。

表6-63　不同性质学校学生在学习努力程度维度的差异比较

	性质	个数	均值	标准差	均值的标准误	t值
学业努力程度	公办	1237	2.5800	.37170	.01057	.663
	民办	292	2.5641	.35334	.02068	

（五）公办与民办学校学生在教育环境支持维度的差异分析

从表6-64可以看出，公办院校学生在教育环境支持维度的平均值（M≈2.75，SD≈0.41）高于民办院校学生均值（M≈2.68，SD≈0.44）。经独立样本 T 检验，"方差方程的 Levene 检验"的 F 值未达到显著差异（F=1.921，p=0.166＞0.05），表示两组样本方差同质，应查看"假设方差相等"栏的数据。t 值等于 2.356，p=0.019＜0.05，达到显著水平，平均数的差异值等于 0.06428。这表明公办与民办学校学生在教育环境支持程度方面有显著差异存在，其中公办院校学生对教育环境支持感受高于民办院校学生的感知。

表 6-64　不同性质学校学生在教育环境支持维度的差异比较

	性质	个数	均值	标准差	均值的标准误	t 值
教育环境支持	公办	1237	2.7492	.41399	.01177	2.356*
	民办	292	2.6849	.44167	.02585	

注：*P＜0.05。

综合以上五个方面的分析结果，我们可以看出，公办和民办高职院校学生在学习性参与各维度的感知有一定差异。具体来说，公办高职院校学生在学业挑战和教育环境支持程度方面的感知显著高于民办院校学生；同时，公办和民办高职院校学生在师生互动、主动合作学习和学习努力方面的感受不存在显著差异。研究者对上海地区民办高职院校学生学习情况调查也发现，民办高职院校学生的学习动机水平总体偏低，没有明确的学习目标，没有积极的学习态度，缺乏进取心。[1] 出现这种差异既有主观的原因，也有客观的因素。主观方面的原因源于学生的差异，虽然当前要求公办院校和民办高校统一招生、统一录取，但由于民办院校办学时间短，学校影响力、公信力、社会认可度较公办院校相差甚远。在高职院校生源日渐紧张的大趋势下，民办院校招生愈加困难，能招到学生已属不易，生源素质更是无从谈起，因而学生在面临学业挑战时也无能为力。在客观方面，民办学校来自学生的学费是学校办学经费的主要来源。民办院校教学经费

---

[1] 郭扬兴. 民办高职大学生学习动机调查研究[D]. 上海：上海师范大学，2011.

较为紧张，在教学设施、教育环境支持方面的投入相对不足，而公办高校发展依托政府财政拨款，在教学硬件、软件上的投入相对充裕。同时，公办院校在教师配置上明显享有政策上的优势，比民办学校教师拥有更为优厚的福利待遇，使不同性质的学校在教师资源的配置上存在着竞争的不公平性。这些主客观原因带来的不公平因素制约了民办高职院校的健康发展，从而加剧了不同性质高职院校学生学习参与情况的分化。❶

第五节　学习参与各维度间的相关与回归分析

描述事物数量特征的变量之间存在的主要关系有两种，即相关关系和函数关系。相关关系用相关分析处理，而函数关系一般使用回归分析进行探究。相关关系是分析两个变量观测值变化的一致性程度或密切程度的统计方法；回归分析则是研究分析某一变量受其他变量影响的分析方法，其主要目的在于描述、解释或预测。❷ 本研究学生参与度共分为师生互动质量、学业挑战程度、主动合作学习水平、学习努力程度、教育环境支持度五个维度，通过相关与回归分析，阐释各维度变化情况及受其他维度影响情况。

一、相关分析

表 6-65　学习性参与度各维度间的相关矩阵

维度	师生互动质量	学业挑战程度	主动合作学习	学习努力程度	教育环境支持度
师生互动质量	1				
学业挑战程度	.649**	1			

---

❶ 毛勇．中国公办、民办高校在教育市场中竞争的公平性问题研究[D]．厦门：厦门大学,2007.
❷ 邓维斌等．SPSS统计分析使用教程[M]．北京：电子工业出版社,2013.

续表

维度	师生互动质量	学业挑战程度	主动合作学习	学习努力程度	教育环境支持度
主动合作学习	.756**	.606**	1		
学习努力程度	.325**	.361**	.403**	1	
教育环境支持度	.110**	.114**	.113**	.457**	1

注：调查对象个数 N 为 1529。**$P<0.01$。

从表 6-65 可知，高职院校学生参与五个维度间均存在显著的正相关关系，其中发现一对高度正相关关系：师生互动质量和主动合作学习相关系数为 0.756（p=0.000<0.05），这说明学生对师生互动质量感知越强烈，其对主动合作学习水平的认可度就越高。存在四对中度正相关关系：学业挑战程度和师生互动质量（r=0.649、p=0.000<0.05）、主动合作水平（r=0.606、p=0.000<0.05）均为中度正相关关系，说明学生对学业挑战程度感受越高，则他们对师生互动质量和主动合作水平的感知度越高；学习努力程度和主动合作水平（r=0.403、p=0.000<0.05）、教育环境支持程度（r=0.457、p=0.000<0.05）均为中度正相关关系，说明学生努力学习程度越高，则其参与主动合作学习的积极性越高，越能得到学校教育环境的支持。存在五对低度正相关关系：师生互动质量和学习努力程度（r=0.325、p=0.000<0.05）、教育环境支持度（r=0.110、p=0.000<0.05）均为低度正相关关系，说明学生对师生互动质量的感知越高，其学习努力程度越高，越能有效利用学校教育环境；学习挑战程度和学习努力程度（r=0.361、p=0.000<0.05）、教育环境支持度（r=0.114、p=0.000<0.05）均为低度正相关关系，说明学生学习挑战程度越高，其学习越努力，学校教育环境的支持也越有效；主动合作学习水平和教育环境支持程度（r=0.113、p=0.000<0.05）为低度正相关关系，说明学生主动合作学习的积极性越高，则学校教育环境的支持程度越高。

由此可见，高职院校学生学习参与各维度之间是相互联系、互相促进的。只有充分认识师生互动质量、学业挑战程度、主动合作学习水平、学习努力程度、教育环境支持度这五个维度在学生学习中的重要性，以积极的态度在各方面予以完善、改进，才能创造良好的学习氛围，促进学生全面发展和健康成长。

二、回归分析

表6-66 学习参与度各维度回归分析表

预测变量	B	标准误	Beta（β）	T值
（常量）	.683	.077		8.904***
师生互动质量	.052	.027	.068	1.959*
学业挑战程度	.115	.026	.129	4.454***
主动合作水平	.054	.028	.065	1.898
学生努力程度	.286	.029	.256	9.732***
教育环境支持度	.260	.023	.266	11.117***

$R = 0.563$　　$R^2 = 0.316$　　调整后 $R^2 = 0.314$　　$F = 141.038***$

注：n.s. p＞0.05，*P＜0.05，***P＜0.001。

从表6-66可以发现，"师生互动质量""学业挑战程度""主动合作水平""学生努力程度""教育环境支持度"五个自变量与"学生学习性参与效果"效标变量的多元相关系数为0.563，多元相关系数的平方为0.316，表示自变量解释"学生学习性参与效果"变量31.6%的变异量。五个自变量的标准化回归系数均为正数，表示它们对"学生学习性参与效果"效标变量的影响均为正向。在回归模型中，师生互动质量、学业挑战程度、学生努力程度、教育环境支持度这四个预测变量对"学生学习性参与效果"效标变量具有显著影响。而主动合作水平这个预测变量对"学生学习性参与效果"效标变量不具有显著影响。从标准化回归系数来看，四个显著回归系数的自变量中,"学生努力程度""教育环境支持度""学业挑战程度"的β系数绝对值较大,表示该预测变量对"学生学习性参与效果"具有较高的解释力。而"师生互动质量"的β系数绝对值较小,表示该预测变量对"学生学习参与"变量的变异的解释力较低。

第六节 基本结论与讨论

一、高职院校学生学情调查的基本结论

(一)学生学习参与各维度状况存在一定差异

通过对高职院校学生在师生互动质量、学生学业挑战程度、主动合作学习水平、学习努力程度和教育环境支持度等维度的相关分析发现,学生学习参与各维度间存在显著的正相关关系,即它们是相互关联的。基于对调查数据的分析发现,学习参与各维度及相关因素对学生学习参与影响情况存在一定差异。

1. 高职院校学生师生互动质量一般

通过对师生互动质量各项指标的分析发现,当前高职院校学生师生互动的质量一般。半数以上的学生与教师、同学不经常交流,师生之间的互动偏少。

经过差异分析发现,不同性别、居住地、专业类别、学校性质的学生对师生互动质量的感知没有显著性差异。但在对年龄与师生互动质量的相关性分析中发现,学生的年龄越大对师生互动质量的感知越高;在与年级变量比较分析中发现,三年级学生对师生互动质量评价显著高于一年级学生和二年级学生,而一年级学生和二年级学生之间的差异不显著;在与父母学历水平分析中发现,父亲学历水平对师生互动质量无显著影响,母亲

为高学历水平的学生对师生互动质量的感受高于母亲为低学历水平的学生；在与不同地区学生比较分析中发现，中部地区学生对师生互动质量感知显著高于东部地区和西部地区的学生，而东部地区和西部地区的学生之间的差异不显著。

2. 高职院校学生学业挑战程度不高

总体来看，高职院校学生学业挑战程度不高，具体表现在以下方面。在课程认知目标达成度方面，高职院校现行课程中要求学生达成认知目标程度无论是高阶还是低阶阶段均偏低；在学生的阅读和论文写作情况方面，学生的阅读和论文写作要求不高；从分析学生对考试的挑战程度的评价来看，学生认为本学年考试挑战程度为一般及以下的比例超过60%；从学生学习时间数据来看，学校十分鼓励学生在学习活动中投入更多时间，但学生的时间分配并未显示出在学习上的倾斜；在学生努力学习达到教师的要求和期望方面，超过50%的学生有时甚至从未达到教师的要求或期望。

从数据分析发现，不同性别、年龄和专业类别的学生对学业挑战程度的感受没有显著差异，但在不同年级存在显著差异。二年级和三年级学生对学业挑战程度的评价显著高于一年级，二年级和三年级学生之间的差异不显著；乡村与城市学生在学业挑战程度方面有显著差异存在，乡村学生的学业挑战感受高于城市学生；在父母学历水平方面，父亲为高学历水平的学生对学业挑战程度的感知高于父亲为低学历水平的学生，母亲学历水平对学生学业挑战程度无显著影响；在不同区域，东部地区学生对学习挑战程度的感知显著低于中部地区和西部地区学生，而中部地区和西部地区学生之间的差异不显著；公办与民办学校学生在学业挑战程度方面有显著差异存在，其中公办院校学生的学业挑战感受高于民办院校学生的学业挑战感知。

3. 高职院校学生主动合作水平偏低

通过对学生在课堂上的学习行为、课堂外学习行为及课外学习互助行为三个方面的数据分析发现，高职学生主动合作学习水平总体偏低。通过本学年学生课堂主动提问或参与讨论、课堂展示与报告以及课堂合作完成作业三个指标分析发现，学生在课堂上的主动合作学习水平不高；在课下学习行为方面，学生在课下与同学合作完成作业、参与社会服务、使用网络媒介完成作业以及课下问题讨论等方面均处于偏低的水平；调查也发现，学生在课外学习互助水平上也处于偏低的水平。

调查数据显示，父母不同学历水平和不同性别、年龄、专业类别、区域和性质的高职院校学生，对主动合作水平的感知没有显著性差异。但在不同年级，三年级学生对主动合作水平的评价显著高于二年级和一年级学生，一年级和二年级学生之间的差异不显著；在不同居住地，乡村与城市学生在主动合作方面有显著差异存在，其中乡镇学生的主动合作感受高于城市学生。

4. 高职院校学生学习努力程度不够

从调查数据来看，高职院校学生基本上能完成相关作业，但其他方面学生学习努力程度不够，主要表现在以下方面。在学生作业完成情况方面，学生基本上能够按规定完成课前有关作业，但对作业的独立思考和主动修改不够；在自主阅读书籍方面，大部分学生本学年自主阅读书目数量为0~5本，表明当前高职院校学生阅读量偏低；从课前准备用时情况看，75%以上的学生每周课前准备不足8小时；在教学设施和服务使用频率方面，学生对学习指导服务、计算机房及实训室等教学设施的使用频率均较低。

分析发现，不同性别、年龄、专业类别和性质的高职院校学生对学习努力程度的感受没有显著性差异。但在不同年级，三年级学生对学习努力程度的评价显著高于二年级和一年级学生，一年级和二年级学生对自己学习努力程度的评价差异不显著；乡村与城市学生在学习努力程度方面有显著差异，其中乡村学生对学习努力程度的感受高于城市学生的感知；父亲和母亲为高学历水平的学生对学习努力程度的感知高于父母为低学历水平的学生；在不同区域，西部地区学生对学习努力程度的感知显著高于东部地区和中部地区学生，东部地区和中部地区学生之间的差异不显著。

5. 高职院校学生教育环境支持程度中等偏上

通过对调查数据分析发现，学生对学校为他们提供支持帮助的重视程度认可度较高，但学生使用学校提供各类服务的频率却不尽如人意。高职院校学生对教育环境支持度的评价处于中等偏上水平。

调查表明，不同性别、年龄和专业类别的学生对教育环境支持程度方面的感知没有显著性差异。但三年级学生对教育环境支持度的评价显著高于二年级，一年级和二年级、三年级学生对教育环境支持程度的感知的差异不显著；乡村与城市学生在教育环境支持度方面有显著差异存在，其中乡镇学生对教育环境支持程度的感知要高于城市学生；在父母学历水平方面，父亲为高学历水平的学生对教育环境支持程度的感知高于父亲为低学历水平的学生，母亲学历水平对学生的感知无显著影响；在不同区域，西部地区学生对教育环境支持程度的感知显著高于东部地区学生，中部地区和东部地区、西部地区学生对教育环境支持程度感知差异不显著；公办与民办学校学生在教育环境支持程度方面有显著差异存在，其中公办院校学生对教育环境支持感受高于民办院校学生的感知。

（二）学生学业满意度中等

从数据统计结果来看，高职院校学生对自己的学业满意度整体评价处于中等偏上水平。主要体现在以下三个方面。

一是对学校的认同度较高。调查发现，多数学生对自己在校的学习经历评价较高。学生就读院校得到家人及朋友的支持比例均达到94%，大多数学生表示愿意向亲戚朋友推荐自己的学校。

二是对自己大学学习效果的整体评价中等偏上。在"运用现代信息技术的能力""自我认识能力"和"个人人生观、价值观的确立"等方面认为提高很大及以上的比例均为48%以上,但在"广泛涉猎各个知识领域""写作能力"和"获得工作或与工作有关的实践技能"等方面认为学习效果一般或没有提高的比例都超过了60%。

三是对学校相关服务的满意度评价中等。有近90%的学生都认为,学校提供的学习指导、职业规划咨询、教学设施等服务是比较重要或很重要的,他们认识到这些服务的重要性。但有三分之一的学生很少使用或者根本就不知道有这些服务,且有部分学生对学校的机房、实训室等教学设施、职业规划咨询服务等不满意。

(三) 学生与不同群体交往偏少

通过对调查数据分析发现,高职学生与同辈、任课教师、学生工作教师及行政管理人员关系表现不一,总体状况不尽如人意,处于中等偏低水平。调查对象与同学、任课教师、班主任和辅导员、行政管理人员之间人际关系变化呈现逐渐下降的趋势;在不同地区,西部地区高职院校学生人际关系相对较为友好、和谐;在不同性质学校,公办高职院校学生人际关系好于民办高职院校;调查对象与同学、任课教师、班主任和辅导员、行政管理人员的人际关系随着年级的增加而向好。具体来看,调查对象与其他同学的人际关系状况较好,47%的学生认为与其他同学有较多交往和帮助,但有18%的学生表示与其他同学的人际关系冷淡;41%的调查对象与任课教师有较多交往,但仍然有17%的学生表示与任课教师关系冷淡或非常冷淡;40%的学生与班主任、辅导员交往较多,20%的学生与班主任、辅导员很少联系或没有联系;37%的学生与学校行政管理人员交往较多,24%的学生表示很少联系或没有联系。由此可见,学生与同辈人际关系状况相对较好,但与教师的交流从任课教师、班主任辅导员到行政管理人员逐渐减少,与教师间关系冷淡或非常冷淡的比例不断增加。

（四）学生对学习相关活动态度不佳

对与学习相关活动态度倾向的分析发现，高职院校学生对实习实训的参与度最高，达到83%；对志愿服务和课外外语学习的参与度次之；对专业技能大赛、参与成人教育本科自学考试或参加专升本考试等活动的参与度相对较低。从学生不准备参与或不确定是否参与的情况看，不准备或不确定是否参与海外学习实践、教师组织的学习团体、参加自考和专升本考、参加专业技能竞赛的比例最高，均超过了30%；不准备或不确定是否参与实习实训的比例也高达17%。由此可见，尽管高职学生对参与学习相关活动的态度表现不一，影响学生参与的制约因素各异，但学生参与学习相关活动总体状况不理想，尤其是在具有高职特色的实习实训活动中学生没有全员参与，可见学生参与动力不足，缺乏参与积极性和主动参与精神。

二、高职院校学生学情调查中出现的问题

（一）课程认知目标偏低

课程是学校实现人才培养目标和学生发展与成长的重要载体，课程认知目标是预期学生学习将要达成的结果，它具有导向功能、控制功能、激励功能与评价功能，是体现学业挑战程度和激发学生努力学习的重要指标。在高职院校学生学情调查中，课程目标和达成指标设计是以美国教育学家布卢姆的教育目标分类学为基础的。他将教育认知目标分为记忆、运用、分析、综合、判断等不同的认知层次。"记忆"是指对具体事物和普遍原理、对方法和过程的记忆，或者对一种模式、结构或框架的回忆。它主要是测量学生能否回忆或辨认一些具体的事物、定义、原理以及处理具体事物的方法等方面的知识。"运用"层次是指在某些特定的和具体的情境里使

用抽象概念，它主要是测量学生在记忆、理解的基础上，运用知识去初步解决问题的能力，"分析"层次是指弄清各种观念的有关层次，或者弄清所表达的各种观念之间的关系。这些分析旨在澄清知识点的内容，表明内容是怎样组织的，指出设法传递交流内容的效果、根据和排列的方法，它主要评价可测量学生是否具备将学习材料分解成各个组成部分，指出这些组成部分之间的关系并分析组成原理的能力。"综合"层次是指把各种要素和组成部分组合成一个整体。它是对各种片断、要素和组成部分等进行加工的过程，也是一个用这种方式对它们进行排列和组合以构成一种清晰的模式或结构的过程，它主要测量学生对学习材料的总结、概括、推理的能力，以及根据实验目的进行设计的综合能力等。"判断"层次是指为了某种目的对材料和方法的价值作出评价。包括对这些材料和方法符合准则的程度作出定量和定性的判断以及使用评估的标准，它主要测量学生根据事物的内在准则作出判断的能力。[1] 一般认为，好的课程应该体现课程认知目标层级的梯度设计，并实现各层级认知目标的合理发展。从对调查对象的课程认知目标达成情况分析发现，高职院校现行课程中要求学生达到认知目标无论是对低阶认知目标"记忆、分析"等层级的强调，还是对高阶认知目标"综合、判断"等层级的重视程度都不够，对学生需要达成的课程认知目标要求偏低，缺乏学业挑战性，无法达到鼓舞学生积极向学和攻坚克难的学习热情，未能很好发挥课程认知目标在教学活动中的各项功能。

（二）师生关系较为冷淡

教育过程是在教育目标的指引下，教师的教育与学生的学习共同组成的一种教育活动，师生关系是学校教育教学活动中学生与教师形成的最直接、最基本的人际关系。这里的教师尤其指专门从事教学活动的任课教师，

---

[1] [美]布卢姆等编.教育目标分类学(第一分册)：认知领域[M].罗黎辉等,译.上海:华东师范大学出版社.1986.

以及专职从事学生思想教育工作的班主任、辅导员等学生工作人员。他们与学生接触最多、交流最频繁，在平等的互动交流，相互认同、相互信任、相互尊重、相互理解、相互接纳的氛围中形成的良好师生关系是开展教育教学活动的必要前提，也是提高教学质量的重要保障。但在调查中发现，高职院校学生与同学、任课教师、班主任和辅导员、行政管理人员之间变化呈现逐渐下降的趋势。他们与任课教师、班主任和辅导员关系冷淡，有大约五分之一的调查对象与他们很少联系或没有联系，师生关系冷淡或非常冷淡，这种现象直接影响了师生互动质量和教学质量。调查也发现，半数以上的学生与教师不经常交流，经常与教师讨论学业问题、职业生涯规划问题或参与教师组织的课外活动的均不足40%。2014年7月，北京师范大学新闻中心调研组通过对北大、清华、人大、北师大等10余所代表性高校2 230名学生的问卷调查也发现，有三分之一的大学生与教师基本没有交往，大学师生总体交流频率过低，交流深度也有待提高；有三分之一的大学生对师生关系满意度"无所谓"或"不满意"。❶ 与之相比，高职院校师生交流比例稍有提高，但当前师生关系冷淡，师生互动较少是高职院校较为普遍的现象。

（三）主动合作学习意识淡薄

主动合作学习水平较好地诠释了高职院校学生学习参与的主动性、积极性和合作精神，是促使学生将被动学习变为主动参与的重要手段。信息化为学生主动合作学习提供了技术支持。当前学生主动合作学习的形式方式呈现多元化的特点。从合作形式来看，高职院校学生主动合作学习包括学生在课堂内外主动参与讨论、与同辈合作完成学业任务或者与家庭成员的交流探讨，以及课堂外对其他同学提供的学习支持服务。从合作方式看，

---

❶ 方增泉,郑伟,祁雪晶等. 师生关系,谁先迈出交往第一步？——时代变革中的大学师生关系调查. [EB/OL]. http://epaper.gmw.cn/gmrb/html/2014-07/15/nw.D110000gmrb_20140715_1-15.htm.

既有传统的面对面的沟通，也有通过电子邮件、微博论坛等网络媒介的交流。高水平的主动合作学习不仅有利于培养学生的主体意识、合作精神、交往能力和创新精神，也有利于激励学生主动学习，促进学生之间的相互交流、共同发展，促进师生之间的教学相长。尽管信息时代为学生主动合作学习提供了便捷，但在访谈调查中发现，从现行高校录取政策看，高职学生是对高考成绩要求最低的，学生的学习自觉性比较低，缺乏主动合作学习精神。应加强学风建设，加强校园管理，使学生能更好地学习。问卷调查结果也显示，当前高职院校学生主动合作学习意识淡薄，不仅学生在课堂上的主动合作学习水平不高，在课下与同学合作完成作业、参与社会服务、使用网络媒介完成作业以及课下问题讨论等方面都处于偏低的水平，学生在课外学习互助水平上也处于偏低的水平。同时，在对学生有效合作能力提升情况的调查也发现，选择"提高很大或提高非常大"的学生占比47%，53%的学生认为"没有提高或一般"。

（四）实践教学环节仍需加强

高等职业教育人才培养的目标是面向经济社会发展和生产服务一线，培养高素质的劳动者和技术技能人才，因此实践教学是高职教育人才培养过程中至关重要的环节，是高职教育的特色之所在，是实现高职院校人才培养目标的有效途径，是培养具有创新意识的高素质技能型人才的重要手段，也是促进学生理论与实践相结合、提高学生动手能力的重要平台。2000年，《教育部关于加强高职高专教育人才培养工作的意见》指出，实践教学在教学计划中应占有较大比重，要及时吸收科学技术和社会发展的最新成果，逐步形成基本实践能力与操作技能、专业技术应用能力与专业技能、综合实践能力与综合技能有机结合的实践教学体系。在学时方面，三年制专业的实践教学一般不低于教学活动总学时的40%；两年制专业的实践教学一般不低于教学活动总学时的30%。2006年，《教育部关于全面提高高等职业教育教学质量的若干意见》中明确提出：引导建立企业接收高等职业院校学生实习的制度，加强学生的生产实习和社会实践，高等职业院校要保证在校生至少有半年时间到企业等用人单位顶岗实习。2011年，《教育部关于推进高等职业教育改革创新引领职业教育科学发展的若干意见》中要求，继续推行任务驱动、项目导向等"学做一体"的教学模式，实践教学比重应达到总学分（学时）的一半以上。2014年，《国务院关于加快发展现代职业教育的决定》指出，要推进人才培养模式创新，加大实习实训在教学中的比重，创新顶岗实习形式，强化以育人为目标的实习实训考核评价。由此可见，重视实践教学环节，加强实践教学体系建设是高等职业教育的本质和特色之所在。无论是实践教学学分（学时）在教学计划中所占比重，还是实习实训教学模式的创新步伐都对其进行了很好的诠释。但调查数据显示，有17%的学生选择了"不准备做或不确定"是否参与实习、社会实践或接受实训任务；32%的学生每周到社区街道、企（事）业单位实习的时间为"0小时"；62%的学生对获得工作或工作相关的实践技能等学习效果的评价为"没有提高或一般"。因此，当前高职院校学生参与实践教学的态度不够积极，参与时间偏少，对获得实践技能的认可度不高。

（五）教育服务绩效偏低

高等职业教育服务绩效是指高等职业教育服务主体（即高职院校）为满足其需求主体（学生）明确或潜在的学业知识和职业技能提高等需求，在学业成就支持、专业技能提升、就业指导、经济援助、教学设施服务等方面对需求主体的支持程度以及取得的效果。它不仅仅是对服务主体进行量的考察，更重要的是测度达成需求主体目标的质量。它取决于高等职业教育需求主体对高等职业教育服务质量的预期同实际所感知的高等职业教育服务绩效的对比。对高职院校服务绩效进行调查不仅可以了解需求主体——学生对高职院校提供教育服务与支持的评价，还可以帮助高职院校更合理地配置教育资源，完善教育环境支持度，提高教育服务质量。教育部重点课题"学生评价高等职业教育服务质量实证研究"课题组的调查发现，我国高职院校学生对高等职业教育服务质量的总体满意度与英国相差甚远，提升高等职业教育服务质量还有很大的上行空间。❶

本调查从学生对高职院校提供各类教育服务重要性的认识、高职院校为学生提供支持服务的重视程度、学生使用学校提供各类服务的频率以及学生对学校提供服务的满意度等方面对高职院校教育服务绩效进行考察。第一，有近90%的学生认为学校提供的相关服务是比较重要或很重要的，绝大多数同学认识到有关教育服务对促进个人发展的重要性；第二，约70%的调查对象认为高职院校对为学生提供支持服务是重视或非常重视，认为学校不重视此项工作的比例均未超过5%；第三，从学生使用学校相关教育服务的频率看，约35%的学生很少使用或者根本就不知道有这些服务；第四，通过调查学生对学校相关服务的满意度评价发现，约75%的调查对象对学校提供的服务比较满意或很满意，但也有约25%的学生对学校提供的各项教育服务不满意或不知道学校提供这些服务。由此可见，大部分学生认同学校为促进学生发展而提供的各项教育服务，绝大部分学生认识到学校提供各项教育服务的重要性，但学生使用学校相关教育服务的频率却不高，学生对相关教育服务的满意度也不高，高职院校教育服务绩效总体偏低。

（六）地区和城乡差异亟待消除

高等职业教育主要培养适应地方经济发展需要的高素质技能型人才，它是地方经济发展的内生需求，它的发展必然与地方经济发展相适应，必然随着地方产业结构的变革、生产技术的变化而不断调整优化。同时，高等职业教育也促进了人的全面发展，并为地方经济社会的发展提供了有力

---

❶ 欧阳河.学生评价高等职业教育服务质量研究[J].职业技术教育,2008(33).

的人力支撑，对经济发展具有重要的促进作用。区域高等职业教育的均衡发展是促进区域经济协调发展，逐步缩小东中西部区域经济发展差距的重要手段，也是促进区域间教育公平的重要途径。近年来，我国高等职业教育在规模快速发展的同时，也带来了一些发展中的问题，如东中西部间发展不均衡，区域间发展差距拉大，高职教育发展不协调等问题。具体来说表现在东部地区高等职业教育发展较快，无论是从高职院校数量，还是在办学条件、基础设施建设上都领先于中部与西部地区。中部地区发展速度一般，而西部地区则相对滞后。❶ 但从国家社会科学基金（教育学科）国家重点课题"大学生学习情况调查研究"、教育部人文社科重点研究基地重大项目"大学生学习质量调查研究"课题组的研究结果看，城市和农村学生对满意度的体验不同，农村学生满意度比例明显高于城市学生；城乡学生对教育资源配置的满意度评价存在差异，农村学生对教育资源配置各项指标的满意度都显著高于城市学生。❷ 本调查也发现，东中西部地区以及城乡居住地学生在学习参与各维度上的感知存在一定差异。在不同地区，东部地区学生对师生互动质量和学业挑战程度的感受显著低于中部地区高职院校学生的感知，东部地区学生在学业挑战程度、学习努力程度和教育环境支持程度三个维度的感受显著低于西部地区学生；在不同家庭居住地，农村或乡镇学生在学业挑战程度、主动合作水平、学习努力程度和教育环境支持程度方面的感知均显著高于城市学生。

---

❶ 朱有明. 东中西部高等职业教育协调均衡发展研究[J]. 无锡商业职业技术学院学报. 2013(2).
❷ 李振祥,吕洪霞,邱素芬. 高职学生学情调查研究[M]. 北京:中国水利水电出版社,2014.

第七章　提升高职院校人才培养质量的对策与建议

一、健全政策法规制度，完善法治保障体系

在法治成为一种文化，成为一种生活方式和共同信仰的今天，法治的前提是必须能够制定出科学的、良好的法律规章制度。依法治校是高等教育改革的基础，现代化的高等职业教育发展必须以法治为基础，而依法治校的前提条件是有法可依，有规章可循。《中华人民共和国职业教育法》是1996年通过并实行的，时至今日已近20年，职业教育发展的内外环境已发生了许多新的变化，职业教育的发展面临着不少困难和问题——职业教育的保障不足，发展不平衡，❶职业教育城乡差距很大，部分职业学校办学机制僵硬，教学模式陈旧，工学结合、顶岗实习等制度尚未得到全面推行；一些职业学校教师队伍建设相对较弱，不能满足职业教育发展的需要等问题，与现代职业教育发展不相适应，因此需要与时俱进地对相关法规制度加以修订和完善。结合高职院校学情调查中存在的问题，国家在制定高等职业教育政策法规时应关注如下内容。

首先，针对当前城乡及不同地区高职院校学生学习参与程度、教学资源及师资队伍建设等方面存在的差异，结合当前城乡二元结构体制改革，制定相关政策。引导高职院校充分发挥各自优势和特色，支持各类高职院

---

❶ 修订《职业教育法》[N]. 人民政协报，2015-03-07.

校结合自身问题，深化教育教学改革。《现代职业教育体系规划（2014—2020年）》提出了优化职业教育区域、城乡布局，创新职业教育区域合作机制，加快职业教育发展步伐，着力优化结构、提高质量。其次，支持民办高职院校的发展。民办高职院校是企业事业组织、社会团体及其他社会组织和公民个人利用非国家财政性教育经费，面向社会举办的高职院校。由于受招生、教学设施、师资队伍等主客观因素的影响，民办高职院校学生学习参与程度和对学校满意度偏低。但作为我国高等职业教育的补充，民办高职院校尤其是由实体企业出资创办的高职院校，在高等职业教育教学模式、校企合作、人才培养模式改革中发挥了重要作用。国家应大力支持民办高职院校的发展，吸引更多社会资金投入高职教育，引导以企业为支撑的民办高职院校先尝先试，积极推进教学改革，促进高职教育人才培养质量的提高；同时，制定与高等职业教育发展相契合的教师发展与学生培养政策。当前，与普通高校一样，高职院校教师职称评审指标也主要关注教师的学历水平、科研能力，重视教师完成各级各类科学研究项目、发表论文及出版著作情况。但职业教育与普通教育在教学目标、教学内容、办学模式、人才培养规格等方面都存在差异。高职院校教师除了具备普通教育教师必须具备的专业理论知识和教学能力外，更重要的是，需要参加行业企业实践，掌握专业实践技能，具有双师素质，从而更好地开展实践教学活动，培养学生的专业实践能力，实现高等职业教育人才培养目标。因此，只有健全有利于高职院校教师发展及学生成长的政策法规，完善高职院校保障体系，提高东中西部、公办民办高职院校城乡学生学习参与程度，才能切实提高高职院校人才培养质量。

二、加强课程体系建设，提升学业挑战程度

课程体系是学校教育的主要载体，是在一定教育价值理念指导下，将教学科目、认知目标、教学内容、教学进度等内容进行规划组合，使课程

要素统一为实现人才培养目标而服务。它既是专业知识和能力总体结构和系统的建设,也是人才培养全过程和完整环节的建设,其内涵远非某门课程规划和教学活动的设计。在高职院校,课程体系是专业建设的重要组成部分,也是学校办学定位、办学理念以及专业建设思路的集中体现。课程体系建设工作一般由学校统一提出要求,主要由二级院系自行制定。因此,加强课程体系建设是体现学校办学特色、深化教学改革的首要问题。调查中发现课程认知目标偏低、学业挑战程度不高便是课程体系建设过程中存在的突出问题。出现这一问题既有学校办学定位不清晰、专业调研不充分等方面的原因,也有课程设计不合理,课程目标技能化,过度重视实践技能忽视专业知识和人文素质的缘故。

英国哲学家吉尔伯特·赖尔将人们可以获取的主要知识分为"了解是什么"和"了解如何做"两类。"了解是什么"包括事实、概念、原理等以事实为主题的知识;"了解如何做"指的是行为能力,通常称为"技能",这两种知识是截然不同的,一种知识不可能还原为另一种知识。❶高等职业教育具有"职业性"和"教育性"双重属性。高职院校是学校教育而不是单纯的技能培训机构,既要促进人的全面发展,保证人才的社会责任感、人文素养等较高的素质,也要促进人才培养规格符合就业岗位或岗位群对本专业人才在理论知识、实践技能和创新能力等方面的要求,突出人才的应用性。因此,高职院校必须分清主次、合理取舍,既要重视理论和专业知识的传授,也要重视实践能力的训练和培养。反映在课程体系建设中,课程体系制定者应该分阶段、分层次、抓重点。首先,要确保开足促进学生身心全面发展所需的文化基础课程,满足学生所需要的现代素养。其次,在专业课程体系构建过程中,要开展深入的专业调研。结合当前经济社会发展现状,了解市场需求,进行人才需求和岗位群工作任务分析,提炼岗位所需专业核心能力。要针对专业核心技能进行课程分析,

---

❶ [英]吉尔伯特·赖尔. 心的概念[M]. 徐大建译. 北京:商务印书馆,1992.

在给足学生专业理论知识的同时，定位核心技能培养，尽量使培养出来的人才具有核心技能及多方位技能辐射区的技能特点。同时，在课程认知目标的达成上要富有弹性，实现课程认知目标由仅强调低阶目标的达成向高阶认知目标取得的合理设置，提升学生学业挑战程度，促进学生学业成就的提高。

三、践行"以生为本"的教育理念，提高教育服务质效

1998年，联合国教科文组织举行了主题为"21世纪的高等教育：展望和行动"的世界高等教育大会，陈至立部长率中国政府代表团参加。此会议指出，面对当前日新月异的世界，高等教育显然需要以学生为中心的新视角和新模式；应把学生及其需要作为关心的重点，并把他们看作是高等教育改革的主要参与者；应把学生视为高等教育关注的焦点和主要力量之一，并通过适当的组织结构让他们参与教育革新和决策，参与到评估、课程改革及学校管理中；国家和高校的决策者要将学生以及他们的需要置于中心位置，应将他们看作高等教育革新的重要的伙伴和负责任的一方。[1]自此，以学生为本的教育理念得到广泛的认可，并逐渐在世界各国为众多高校和教育管理部门付诸实践。所谓"以生为本"，不仅要重视学生的需求，尊重学生的主体地位，吸纳学生参与到教育改革与教育管理中来，还要求学校为学生提供高效的教育服务，不断提升学生学习参与程度，以实现促进学生发展的教育目标。

为此，高职院校首先应该确立"以生为本"的发展理念。"以生为本"是教育的本质所在，促进学生个体自由、全面地发展是高等职业教育人才培养的最终目标。在高职院校，"以生为本"就是要立足当前经济社会对高素质应用型人才的要求，在尊重学生权利、自由与人格的基础上，热爱学生、理解学生、关心和支持学生，培养学生自主管理、自主完善、自我提

---

[1] 赵中建. 21世纪世界高等教育的展望及其行动框架[J]. 上海高教研究, 1998(12).

升的主体意识、健全学生个性、完善学生人格、激发学生潜能、增强学生责任感和人文素养，提高学生专业实践技能，提升学生社会竞争力，促进他们更好地适应经济社会需求，更好地实现个人的人生价值。而实现促进学生发展的有效方式就是确立服务学生的工作理念，为学生提供有效的教育环境支持。当前，高职院校已经意识到为学生提供学习指导、职业生涯规划咨询、就业指导、教学设施、经济援助、人际交往及心理问题咨询等各类服务的重要性，并在学习、生活、思想等方面为学生提供相关服务。但当前存在学生对学校提供相关服务的使用频率不高，使用满意度不理想等问题。这不仅需要学生树立正确的知识观、价值观、人生观和主人翁意识，端正学习态度，积极投入学习活动中，更需要学校和全体教师为学生的学习和发展提供有效的教育环境，面对面优质的教育服务，营造良好的校园支持氛围，提高教育服务质效，宣传、引导全体学生热心向学，促进学生身心素质和学业成就双提升，从而实现学生自由、和谐发展的人才培养目标。

四、营造良好的互动氛围，构建有效的师生合作关系

教师和学生是高职院校教育活动中的两个最基本的要素。一切教育活动的开展、教学目标的实现都是师生双方互动交流、相互合作的结果。纵观师生关系发展脉络可以清晰地发现，只有当高职院校以现代先进的教育理念为指导，师生关系较为民主、平等、融洽、和谐之时，只有在相互尊重、相互认同、友好合作的教育环境中，才能促进学生身心健康、专业知识和职业技能全面发展，从而推动经济社会不断前行。

在西方国家的中世纪后期，随着航海贸易和工商业的发展，职业教育逐渐受到重视，高职教育面临第一个发展契机。"文艺复兴"运动的爆发，提倡个性发展的人文主义成为指导思想，拉伯雷的教育思想倡导师生积极互动共同进步，表现出对个人价值和个人自由的尊重与确信；蒙田要求教

师放弃暴力和强制，主张自然发展和因材施教，使教育成为一种"没有惩罚、没有眼泪"、充满兴趣和欢乐的活动，使学生的天性得以健康发展。在先进教育思想的指导下，一些由行会和商会开办的高职院校——城市学校中，学生的天性、个别差异、兴趣得到了应有的重视。部分学校实行学生自治，教学内容的安排考虑学生的需要和接受能力，师生关系中平等和民主的思想再次受到重视，并有了更大发展。进入20世纪，西方各国工业和科技快速发展，高职院校发展进入迅猛发展时期。受存在主义哲学的影响，存在主义教育家认为，教师的作用是利用自己的人格和知识，引导学生认识"自我"和发展"自我"。师生之间应该在平等、相互信任、相互尊重、民主的氛围中开展教学活动。20世纪70年代后，人本主义教育思想逐渐盛行。人本主义教育家认为，师生应该建立一种相互帮助的关系。教师应该是优秀的促进者，教学过程中，不仅需要教师的促进作用，还需要学生"自我学习、自由学习"。教师、学生应共同参与教学活动。近年来，受建构主义教育思想的影响，高职院校教师逐渐成为学生建构知识的积极帮助者和引导者，学生则是教学活动的积极参与者和知识技能的积极建构者，师生间逐步建立起一种平等对话、理解合作的新型关系。尽管当前高职院校学生与任课教师互动、合作相对较多，但部分学生与班主任、辅导员以及教学管理人员很少联系与沟通，关系冷淡，这为建立友好合作的师生关系制造了障碍。因此，一方面，高职院校应通过政策引领和提供高质量的教育服务，为学生学习、生活、身心健康提供良好的校园支持环境，让学生感受到学校对他们成长、发展的重视、支持与关心，在和谐友好的环境中热心向学；另一方面，高职院校应把握当代青年眼界开阔、思维敏捷、开放进取、激情活泼、敢于担当的特征，通过组织丰富多彩的社会实践和校园活动，为师生之间的沟通、协助创造更多有益的交流平台，让师生在活动实践中互相了解，达成互动合作关系，并将其进一步迁移到学习中，以促成学生学业成就的提升。

五、提高教师双师素质,推进实践教学环节

实践教学环节是培养高职院校学生专业实践技能的重要途径,是提高学生就业竞争力的关键,是实现高等职业教育人才培养目标的核心要素,也是彰显高等职业教育办学特色与办学水平的标志。"双元制"模式的实践教学是德国职业教育特色之所在,它采用市场引导的办学模式以及校企合作、工读交替的教学模式。专业设置以职业岗位分析为导向,教学计划、教学进程由职业学校和企业协商,培养的学生需要和企业签订培训合同。这样,学生不仅要在学校接受文化基础课及职业理论教育,也要在企业进行实践技能培训,接受实践技能、技巧的锻炼。这种在行业企业真实岗位进行的实践教学更能让学生掌握过硬的实践能力,可以更好地满足社会需要。[1] 以加拿大为代表的"以能力为基础"的实践教学形式,体现了部分北美国家职业教育实践教学模式。它强调以职业岗位所必需的知识、技能为基础,重视教学环境的工作现场化,关注学生实践环节在行业企业现场动手实操,通过职业、工作、专项能力以及教学分析,实施以行业需求为核心的课程开发,在现实场景中开展实践教学。这种实践教学形式不仅训练了学生的专业技能,也对学生适应真实工作场景、形成职业素养起到了促进作用。[2] 由此可见,探索实践教学模式,开发核心专业课程,深化实践教学改革,调动学生参与实践教学的积极性,推进实践教学环节,是各国提升学生实践技能的关键举措。

切实开展实践教学活动是实现高职院校人才培养目标的基础,而实践教学活动的有效实施离不开教师过硬的专业技能和实践教学能力,提升教师双师素质是提高实践教学水平的重要保障。各国为提高高职院校教师双师素质进行了有益探索,如在澳大利亚,职业院校教师一般应有相关职业

---

[1] 石伟平. 比较职业技术教育[M]. 上海:华东师范大学出版社,2001.
[2] 周群. 从 CBE 到以岗导学[J]. 高教论坛,2012(1).

资格证书和职业教育教师资格证书,并具有3~5年行业企业工作经验。在从教过程中,他们还需要定期到一线从事企业实践活动。❶ 近年来,我国也制订了一系列政策以加强高职院校教师队伍建设。2000年,教育部下发的《关于开展高职高专教育师资队伍专题调研工作的通知》中首次提出"双师素质"教师的概念;2006年,教育部《关于全面提高高等职业教育教学质量的若干意见》中明确提出逐步建立"双师型"教师资格认证体系;2014年,国务院《关于加快发展现代职业教育的决定》中规定:落实教师企业实践制度;完善企业工程技术人员、高技能人才到职业院校担任专兼职教师的相关政策;推进高水平学校和大中型企业共建"双师型"教师培养培训基地。❷ 以制度保障不断提高高职院校教师双师素质,以实践教学改革激发学生投入实践教学的热情,从而进一步推动高职院校的实践教学工作,最终实现学生理论知识和实践技能的双提升,这是世界各国也是我国高等职业提高教学质量的必由之路。

六、加强学风建设,促进学生自主参与

学风是一所高职院校在学习、生活、校园文化和传统等方面因素的集中体现。优良的学风是一所高职院校莘莘学子和全体教师在长期教育实践中共同努力的结果。它既包括教师的治学态度、治学精神、求知精神、探索精神、治学风格、人格素养,也包括学生的学习目标、学习动机、学习态度、学习面貌、学习精神和学习纪律,具有较为稳定的特性。它是一所高职院校提高教学质量的必要条件,也是培养高素质技能型人才、实现人才培养目标的重要保障。只有加强学风建设,建设良好的学风,才能形成浓厚的学习氛围,优良的学习环境,不断激发学生的学习兴趣,提高学生自主参与学习的积极性和主动性,培养他们良好的

---

❶ 焦红丽. 澳大利亚职业教育培养模式及启示[J]. 国家教育行政学院学报,2012(4).
❷ 国务院. 关于加快发展现代职业教育的决定[EB/OL]. http://www.moe.gov.cn.

学习习惯和刻苦钻研的精神，从而形成良性的循环体系，在每一届学生间传承和发扬。

在高职院校，结合高等职业教育特点，以价值观教育为基础，以制度文化建设为引领，构建一个良好的学习环境，为全体学生的健康成长打造一个好的平台是非常重要的。为此，首先应该让学生明晰价值观教育的目标，引导学生认清社会主导价值观，将学生价值观教育目标具体化，并结合学生的特点和时代的要求，加强思想政治教育工作。坚持以马克思主义、毛泽东思想、邓小平理论为指导思想对学生进行价值观教育，提高他们分辨是非的能力，能够正确地把握主导价值目标，作出正确的价值判断。树立科学而合理的人生价值观，发挥思想政治教育在价值观教育中的重要作用，使学生个体价值观与社会价值观相统一。以价值观为引导，树立远大的理想抱负和端正的学习目标，为学生努力学习提供不竭动力。其次，完善高职院校规章制度，以规范、科学的制度深化学风建设。一是要结合高职院校实际制订合理的人才培养机制。在大学一年级阶段，主要对学生开展适应性教育，通过开展学业指导、职业规划咨询等教学服务，开展公共技能培训，以及生命观、生存观和生活观教育，帮助学生了解专业、学会学习、学会生活，顺利完成从高中到大学的过渡。在大学二年级，主要对学生开展专业基础教育，通过开展专业通用技能训练和就业指导服务，让学生熟悉专业所需要的通用职业能力和职业素养。在大学三年级，重点对学生进行专业核心技能训练和就业创业服务，通过举办职业技能大赛展示月、求职创业训练营等活动，提高学生的就业竞争力和创业能力，为学生顺利就业或创业奠定良好的基础。二是要坚持不懈地狠抓制度落实工作。科学的规章制度是建立优良学风的基础，而确保制度落地是强化学风建设的关键，以规章制度为抓手，以全体师生共同努力为保障，推进学风建设的规范化、常态化，对提高高职院校办学质量具有十分积极的意义。

七、挖掘家庭教育潜力，形成家校教育合力

《国家中长期教育改革和发展规划纲要（2010—2020年）》中指出，要更新人才培养观念，改革人才培养体制，树立系统培养观念，推进学校、家庭、社会的密切配合，形成体系开放、机制灵活、渠道互通、选择多样的人才培养体制。高职院校学情调查发现，父母学历水平对学生学习参与程度有一定影响。父母的学历水平越高则学生学习参与程度越高，越有益于学生取得较好的学业成就。作为学校教育的重要补充，家庭教育在子女教育中占有重要地位，并在多方面影响子女的学业成就。从辅导学生完成家庭作业方面来看，父母具有高学历的家庭对学生做家庭作业普遍较为重视，父母更多地扮演了一种本义的教学角色，积极配合学校教学。在对子女学习时间、经济及精力的投入上，由于不同家庭家长占有的制度化资本不同也会存在差异。在高学历的家庭，由于文化资本同经济资本的转移有直接性和现实性，拥有充足文化资本的家庭也在很大程度上享有充足的经济资本。同时，他们所处的文化社会背景及获取制度化资本的过程经历，使子女更有可能拥有丰富的制度化资本。在教育方法的选择上，高学历家庭的家长更重视引导、鼓励和支持子女。在重视显性的家庭教育同时，也不忽视隐性的家庭教育的潜在作用，为孩子提供更广阔的发展空间和更大的选择余地。而处于低程度文化资本的家庭更倾向于走放任自流或揠苗助长的极端。因此，应该从以下几方面着手挖掘家庭教育潜力，加强家庭文化资本的积累，促进学生学业成绩的提高。

首先，重视提升家庭制度化资本。家庭制度化资本是可以通过各种形式具体化到个人身上的。形成个人的文化、素养和文化技能的综合要素，是人的综合素质的体现，只是把人的全面发展能力经过某种制度加以确认的文化资本。拥有家庭制度化资本的家庭应充分认识到家庭资本的重要作

用，积极培育学生多方面的兴趣、爱好，注重子女的全面发展。这样，他们的子女就会在教育中占优势，取得较好的学业成绩，就会有更多的机会通过教育而取得成功，并继承父母的优势，因此，拥有它的家庭应重视家庭制度化资本的提升，更好地利用这一资本。

其次，提高对家庭教育的认识。家庭文化资本并不是一朝一夕就可获取的。它是个体自身的努力、家庭不断积累及社会多方面因素综合作用下的产物。它的获取是智力因素和非智力因素相互交融、家庭长期积累的积淀。因此，在拥有它的人注重提升的同时，处于低程度文化资本的家庭也应不断积攒。第一，他们要做的工作是不断提高自身素质、转变观念。要认识到教育子女是家庭的基本社会职能，家庭能否充分发挥这一教育职能，不仅关系到子女成长、家庭兴衰，而且也影响到社会的安定、民族的发展；第二，要掌握科学的家庭教育方法，提高科学教育子女的能力。知道要教育子女，还要知道如何教育。这样子女不仅能获取学业成绩的提升，也可取得个体的全面发展。

同时，做好家庭教育咨询工作。家庭是人生的第一所学校，是人的发展的起点，同时，家庭给予的影响和教育也是其子女以后接受教育、形成良好个性并全面发展的基础和必要条件。家庭教育的基本社会职能也昭示着它关系民族兴亡、社会安定和国家发展。既然家庭教育有如此大的影响，那么，引导家长进行家庭教育、促进学生获取发展，也是国家不可推卸的责任。学校教育也应在发挥其对学生进行正面教育的同时进一步有效利用自己的丰富资源，通过开展教育讲座、家长会、家庭访问等活动做好对家庭教育的咨询、辅导工作。

附 录

问卷编号 ☐

高职院校学生学情调查问卷

亲爱的同学：

您好！非常感谢您能接受我们的调查！为了解高职院校学生学习参与情况，改进高职教育教学工作，特进行本次调查。调查问卷不记名，您的每项回答对我们都很重要，希望您积极参与。

填答这份问卷可能需要10分钟左右的时间，衷心感谢您的支持和参与！

高职院校学生学情调查课题组
2015年3月

第一部分 基本信息（请在空格内填写或在合适选项上打"√"）

1. 就读院校：_____学院

2. 专业类别：①文科类 ②理科类 ③艺术类

3. 年级：①大一 ②大二 ③大三

4. 性别：①男 ②女

5. 年龄：_____

6. 家庭居住地：① 农村或乡镇 ②城市（最小为县级市的城区部分或县城所在地）

7. 父母亲的最高学历：

父 亲：①小学及以下 ②初中 ③高中或中专 ④大专 ⑤本科 ⑥研究生

母　亲：①小学及以下　②初中　③高中或中专　④大专　⑤本科 ⑥研究生

第二部分　学习性参与情况调查（请在合适选项上打"√"）

1. 根据本学年的学习经历，请选择参与下列活动的频率

　　　　　　　　　　　　　　　　　　　　　　　　从不　有时　时常　常常

(1) 课堂上主动提出问题或参与讨论　　　　　　□　　□　　□　　□

(2) 课堂上做专题口头公开展示或汇报　　　　　□　　□　　□　　□

(3) 交送论文或其他作业前，进行了两次及以上的修改

　　　　　　　　　　　　　　　　　　　　　　□　　□　　□　　□

(4) 完成独立思考或收集多方信息的作业或项目　□　　□　　□　　□

(5) 课前没有完成规定的作业　　　　　　　　　□　　□　　□　　□

(6) 在课堂上和同学一起合作完成学业任务　　　□　　□　　□　　□

(7) 课外和同学一起合作完成老师布置的作业　　□　　□　　□　　□

(8) 在学业上帮助或辅导其他同学　　　　　　　□　　□　　□　　□

(9) 作为日常教学的一部分，参与社区街道等社会服务

　　　　　　　　　　　　　　　　　　　　　　□　　□　　□　　□

(10) 使用网络媒介（如 QQ、BBS 等）讨论或完成作业

　　　　　　　　　　　　　　　　　　　　　　□　　□　　□　　□

(11) 使用电子邮件与老师沟通信息　　　　　　　□　　□　　□　　□

(12) 和老师讨论自己的成绩及作业问题　　　　　□　　□　　□　　□

(13) 和老师讨论自己的职业规划问题　　　　　　□　　□　　□　　□

(14) 课外与老师讨论阅读或课堂中的问题　　　　□　　□　　□　　□

(15) 学习表现得到教师及时反馈（书面或口头）　□　　□　　□　　□

(16) 更加努力学习以达到老师的要求或期望　　　□　　□　　□　　□

（17）参与老师组织的课程以外的活动（如社团等） ☐ ☐ ☐ ☐

（18）课外与他人（家庭成员等）讨论学习中的问题 ☐ ☐ ☐ ☐

（19）与城乡、民族、家庭背景不同的同学深入交流 ☐ ☐ ☐ ☐

（20）与价值观、政治观或宗教观不同的同学交流 ☐ ☐ ☐ ☐

2. 本学年你所学的课程强调下列教学活动的程度是：

很少 一些 许多 非常多

（1）记忆所学课程或阅读中的事实、观点或方法 ☐ ☐ ☐ ☐

（2）分析某个观点、技能或理论的基本要素，了解其构成

☐ ☐ ☐ ☐

（3）综合不同观点、信息或经验，形成新的/更复杂的解释

☐ ☐ ☐ ☐

（4）判断所学信息、论点或方法的价值（如了解他人如何收集解释数据，并分析结论的科学性） ☐ ☐ ☐ ☐

（5）运用所学知识解决实际问题，或将其运用于新的情境

☐ ☐ ☐ ☐

3. 本学年你的阅读或写作量是： 0　1~5　6~15　15以上

（1）阅读指定课本、学习指导书、参考书目的数量（本）

☐ ☐ ☐ ☐

（2）根据个人爱好、兴趣而自主阅读书目的数量（本）

☐ ☐ ☐ ☐

（3）完成不限长度的书面论文或报告的数量（篇）

☐ ☐ ☐ ☐

4. 本学年学校的考试对你学习的挑战程度是：

极其容易　　①　②　③　④　⑤　⑥　⑦　　极具挑战性

5. 你对下列活动的态度是：

　　　　　　　　　　已完成或正在做　计划做　不准备做　不确定

（1）参与实习、社会实践或接受实训任务

　　　　　　　　　　　□　　　　□　　　□　　　□

（2）参与社区服务或志愿服务　□　　　□　　　□　　　□

（3）参与日常教学以外的外语学习（如课堂以外的外语培训班等）

　　　　　　　　　　　□　　　　□　　　□　　　□

（4）参与海外学习、实践活动　□　　　□　　　□　　　□

（5）参与各类知识或技能竞赛　□　　　□　　　□　　　□

（6）参与本科自学考试或参加专升本考试

　　　　　　　　　　　□　　　　□　　　□　　　□

（7）参与老师组织的学习团体（如舞蹈团等）

　　　　　　　　　　　□　　　　□　　　□　　　□

6. 你所在的学校对下列活动的重视程度是：

　　　　　　　　　　非常重视　重视　一般　不重视

（1）鼓励学生将大量时间花在学习上　□　　□　　□　　□

（2）为你的学业成功提供支持与帮助　□　　□　　□　　□

（3）鼓励不同城乡、民族、家庭背景的学生相互交流

　　　　　　　　　　　　　□　　□　　□　　□

（4）帮助学生处理来自家庭等非学业方面的事务□　□　□　□

（5）为你应对人际交往或情感问题提供帮助□　□　□　□

（6）为你完成学业提供经济援助　　　□　　□　　□　　□

7. 本学年在每周七天中，你花在下列活动中的时间各是多少小时

　　　　　　　　　　　　　　　　　　0　　1~8　9~16　16以上

（1）课前准备（如预习、复习、做作业等）□　　□　　□　　□

（2）打工赚钱　　　　　　　　　　　　　□　　□　　□　　□

（3）到社区街道、企（事）业单位实习　　□　　□　　□　　□

（4）参加课外活动（如学生会、团委、技能及运动竞赛等活动）

　　　　　　　　　　　　　　　　　　　　□　　□　　□　　□

（5）照顾父母及其他家庭成员　　　　　　□　　□　　□　　□

8. 请选择在学校你与下列人群的人际关系情况

（1）与其他同学的关系

不友好、不相互帮助、疏远的 ① ② ③ ④ ⑤ ⑥ ⑦　友好的、相互帮助、有归属感

（2）与任课教师的关系

无联系、无帮助、冷淡的 ① ② ③ ④ ⑤ ⑥ ⑦　有交往、乐于助人、关心的

（3）与班主任、辅导员的关系

无联系、无帮助、冷淡的 ① ② ③ ④ ⑤ ⑥ ⑦　有交往、乐于助人、关心的

（4）与行政管理人员的关系（如教务处、学生处行政人员等）

无帮助、缺乏体谅、冷淡的 ① ② ③ ④ ⑤ ⑥ ⑦　乐于助人、体谅、关心的

9. 大学的经历是否使你在下列领域的发展得到提高

　　　　　　　　　　　　　　　　　　没有　一般　很大　非常大

（1）广泛涉猎各个知识领域　　　　　 □　　□　　□　　□

（2）获得工作或与工作相关的实践技能　□　　□　　□　　□

(3) 写作能力　　　　　　　　　　　□　□　□　□

(4) 口头表达能力　　　　　　　　　□　□　□　□

(5) 解决实际问题的能力　　　　　　□　□　□　□

(6) 运用现代信息技术的能力　　　　□　□　□　□

(7) 与他人有效合作能力　　　　　　□　□　□　□

(8) 自学能力　　　　　　　　　　　□　□　□　□

(9) 自我认识能力　　　　　　　　　□　□　□　□

(10) 个人人生观、价值观的确立　　 □　□　□　□

10. 请你对学校及教师提供的各项服务的使用频次、满意度和重要性进行评价

　　　　　使用频次　　　　　　满意度　　　　　　重要性

通常、有时、很少/从不、不知道；很满意 较满意 不满意 不知道；很重要 较重要 不重要

□　□　□　□　　　□　□　□　□　　　□　□　□

(1) 学习指导服务

□　□　□　□　　　□　□　□　□　　　□　□　□

(2) 职业规划咨询服务

□　□　□　□　　　□　□　□　□　　　□　□　□

(3) 就业指导服务

□　□　□　□　　　□　□　□　□　　　□　□　□

(4) 助学贷款、奖（助）学金等经济援助咨询服务

□　□　□　□　　　□　□　□　□　　　□　□　□

(5) 计算机房、实训室等教学设施服务

11. 下列选项中，你会从现在班级或学校退学的可能性程度

	不可能	或许会	可能	很可能
（1）全职工作	☐	☐	☐	☐
（2）照顾家人	☐	☐	☐	☐
（3）学业成绩欠佳	☐	☐	☐	☐
（4）家庭贫困	☐	☐	☐	☐
（5）身心健康问题	☐	☐	☐	☐

12. 你的朋友对你在这所学校学习的支持程度

①不支持　②较支持　③很支持　④非常支持

13. 你的家人对你在这所学校学习的支持程度

①不支持　②较支持　③很支持　④非常支持

14. 下列选项中哪些是你就读本校的原因（可多选，请根据重要程度排序）（　　）①获取职业资格证书　②取得大专文凭，并找到好工作（或增强就业竞争力）　③升入本科大学继续学习　④提升个人素养或满足个人兴趣　⑤家长意愿

15. 下列选项中哪些是你学费的来源（可多选，请根据重要程度排序）（　　）

①自己的收入或积蓄　　　②父母或其他人的收入或积蓄

③奖学金及助学金　　　　④助学贷款

16. 你上学期的成绩在班上属于

①前10%　②10%~30%　③30%~50%　④50%~70%　⑤70%以后

17. 下列时间段中哪个时间段上课你的出勤率最高

①上午　②下午　③晚上

18. 你会向你的亲戚朋友推荐本校吗　①会　　　②不会

19. 你如何评价你在本校的教育经历

①不好　　②一般　　③良好　　④非常出色

20. 你认为学校提供什么样的学习环境，会让你更爱学、更乐学，并在学业方面取得更大成绩？

参考文献

[1] [美]泰勒. 课程与教学的基本原理[M]. 罗康,张阅,译. 北京:中国轻工业出版社,2008.

[2] 2015 Fact Sheet[EB/OL]. http://www.aacc.nche.edu/.

[3] Astin. Achieving Education Excellence:A critical Assessment of Priorities and Practices in Higher Education[Z]. San Francisco:Jossey-Bass,1985.

[4] About CSHE[EB/OL]. http://cshe.berkeley.edu/about/index.php.

[5] Advantage Being True to the "DNA" of theResearch University Experience [EB/OL]. http://cshe.berkeley.edu/research/seru/advantage.htm.

[6] Angell,L. Construct Validity of the Community College Survey of Student Engagement [J]. Community College Journal of Research and Practice,2009(33).

[7] C. R. Pace. Achievement and the Quality of Student Effort[C]. A Meeting of the National Commission on Excellence in Education,1982.

[8] CCCSE. Assessing the Validity of CCSSE in an Ontario College [EB/OL]. http://www.heqco.ca/SiteCollection Documents/CCSSE.

[9] CCCSE. Why Focus on Student Engagement? [EB/OL]. http://www.ccsse.org/.

[10] Craig Mclnnis,Patrick Griffin,Richard James,Hamish Coates. Development of the Course Experience Questionnaire[J]. Department education,Training and Youth Affairs,2001 (1).

[11] CSEQ. CSEQ Norms for the Fourth Edition [EB/OL]. http://cseq.iub.edu/cseq_norms.cfm.

[12] Department of Education,Training and Youth Affairs. The Australian Higher Education

Quality Assurance Framework Canberra, Commonwealth of Australia, 2000.

[13] G. Kuh. Assessing what really matters to student learning[J]. Change, 2001(3).

[14] Hamish Coates. Development of the Australasian Survey of Student Engagement. Higher Education, 2009(10).

[15] HEFCE. National Student Survey: Findings and trends 2006 to 2009[EB/OL]. http://www.hefce.ac.uk/pubs/hefce/2010/10_18/10_18.pdf.

[16] Judith S. Eaton, An Overview of U. S. Accreditation[J]. The Chronicle of Higher Education, 2008(10).

[17] Mandarino, C., Mattern, M. Y. Assessing the Validity of CCSSE in an Ontario College[EB/OL]. http://. heqco. ca/Site Collection Documents/CCSSE_ENG. pdf.

[18] NCVER. The Student Outcomes Survey-Frequently asked questions about the survey[EB/OL]. http://www. ncver. edu. au/sos/faq. html.

[19] NSSE Findings[EB/OL]. http://nsse. iub. edu/html/reports. cfm.

[20] NSSE. Annual Survey Results[EB/OL]. http://nsse. iub. edu/pdf/NSSE2005_annual_report.

[21] Obama Administration Announces Final Rules to Protect Students fromPoor－Performing Career College Programs[EB/OL]. http://www. ed. gov/.

[22] W. Schaufeli, M. Salanova. The Measurement of Engagement and Burnout: A Two Sample Confirmatory Factor Analytic Approach[J]. Journal of Happiness Studies, 2002(3).

[23] 毕家驹. 国际高等教育质量保证的发展动向[J]. 中国高等教育评估, 2006(4).

[24] 陈昌贵, 牛端. 论大学生参与式学习[J]. 高教探索, 2001(4).

[25] 陈萍. 高校学生参与度实证研究[D]. 湘潭: 湘潭大学, 2011.

[26] 陈玉琨. 高等教育质量保障体系概论[M]. 北京: 北京师范大学出版社, 2004.

[27] 傅承哲. 本土化学生学习调查工具的开发初探[J]. 复旦教育论坛, 2012(5).

[28] 顾明远. 教育大辞典[M]. 上海: 上海教育出版社, 1998.

[29] 海迪·罗斯, 罗燕, 岑逾豪. 清华大学和美国大学在学习过程指标上的比较: 一种高等教育质量观[J]. 清华大学教育研究, 2008(4).

[30] 黄尧. 职业教育学——原理与应用[M]. 北京: 高等教育出版社, 2009.

[31] 蒋华林, 李华等. 学习性投入调查: 本科教育质量保障的新视角[J]. 高教发展与评

估,2010(4).

[32] 焦红丽.澳大利亚职业教育培养模式及启示[J].国家教育行政学院学报,2012(4).

[33] 李兰巧,肖毅.美国"高职院校学生学习性参与调查"解析[J].职业技术教育,2011(29).

[34] 李兰巧.职业教育与普通教育差异性探究[J].中国职业技术教育,2013(9).

[35] 李兰巧.教与学的和谐[M].北京:北京大学出版社,2013.

[36] 刘佳,苏喜友,陈亦平.构建以学生为主体的"教育与学习过程"的研究与思考——基于学生学习的视角[J].中国高教研究,2012(6).

[37] 刘强.学生创新能力现状及影响因素研究——基于2010年"首都高校学生发展状况调查"相关数据的分析[J].教育理论与实践,2012(1).

[38] 陆根书.大学生的课程学习经历、学习方式与教学质量满意度的关系分析[J].西安交通大学学报,2013(3).

[39] 罗晓燕,陈洁瑜.以学生学习为中心的高等教育质量评估——美国NSSE"全国学生学习投入调查"解析[J].比较教育研究,2007(10).

[40] 罗燕,海蒂·罗斯等.国际比较视野中的高等教育测量——NSSE-China工具的开发:文化适应与信度、效度报告[J].复旦教育论坛,2009(5).

[41] 彭琳,王昊,刘智,罗骁,咸桂彩.基于课程体验的大学课堂教学质量评估问卷的开发[J].天津职业技术师范大学学报,2012(9).

[42] 乔晓熔.中学生数学学习自我决定及其与数学学习投入的关系[D].开封:河南大学,2006.

[43] 邵娟.中澳学生评教比较研究[J].大学·研究与评价,2009(1).

[44] 石伟平.比较职业技术教育[M].上海:华东师范大学出版社,2001.

[45] 史静寰,涂冬波,王纾,吕宗伟,谢梦,赵琳.基于学习过程的本科教育学习性参与度调查报告2009[J].清华大学教育研究,2011(8).

[46] 史秋衡,郭建鹏.我国大学生学习性参与度状态与影响机制的实证分析[J].教育研究,2012(2).

[47] 苏红,章建石,朱生玉.教师学习投入状况及特征[J].教育科学研究,2007(5).

[48] 王根顺,邓红.国际比较视野中的高等教育测量——我国高等学校教学质量评估的理性思考[J].高等理科教育,2003(2).

[49] 王玫,岳峰,仇洪冰. 生师互动是提升高校人才培养质量的关键的思考[J]. 柳州职业技术学院学报,2010(1).

[50] 王秀平,杜智敏,马喜亭,张春先,傅钰,隋仲坤. 北京市大学生学习性参与度调查报告[J]. 中国大学教学,2008(9).

[51] 文东茅,闫凤桥,鲍威. 首都高等教育质量调查报告[C]//北京:北京市高等教育学会2007年学术年会论文集(上册),2008.

[52] 文雯,史静寰,周子矜. 大四现象:一种学习方式的转型———清华大学本科教育学习性参与度调查报告2013[J]. 清华大学教育研究,2014(3).

[53] 吴明隆. 问卷统计分析实务[M]. 重庆:重庆大学出版社,2010(5).

[54] 肖毅,高军. 当代美国教师评价标准探微[J]. 教育探索,2008(03).

[55] 肖毅. 澳大利亚高等教育质量保障体系改革新动向探究[J]. 外国教育研究,2013(4).

[56] 肖毅. 高职院校教师培训需求的实证研究[J]. 职教论坛,2014(26).

[57] 肖毅. 高职院校师资队伍建设评估发展历程与启示[J]. 学理论,2015(5).

[58] 肖毅. 高职院校师资队伍建设评估问题及对策研究[J]. 职业教育研究,2015(2).

[59] 肖毅. 高职院校学生学习性参与度研究现状与启示[J]. 职业教育,2013(5).

[60] 杨峥威,肖毅. 高职院校学生学习性参与度问卷信效度研究[J]. 学理论,2014(17).

[61] 杨峥威. 以"项目式"实践课程考试改革推动学生学习性参与[J]. 职业教育,2014(1).

[62] 张瑞芬. 高职院校教学质量监控体系建设的探索[J]. 教育与职业,2013(9).

[63] 赵丽敏. 论学生参与[J]. 中国教育学刊,2002(8).

[64] 周玲,杨春梅等. 国际视野下的大学生学习性投入研究[J]. 北京理工大学学报(社会科学版),2011(6).

[65] 周群. 从CBE到以岗导学[J]. 高教论坛,2012(1).

[66] 周荣政. 把握学习性参与度的策略[J]. 江西教育,2002(2).

[67] 朱国辉,谢安邦. 英国高校内部教育质量保障体系的发展、特征及启示[J]. 教师教育研究,2011(2).